생각의 **비밀**

• THOUGHTS BECOME THINGS •

생각의 비밀

— 김밥 파는 CEO, 부자의 탄생을 말하다 —

김승호 지음

황금사자
GoldenLionBooks

책을 마무리한다는 것은 언제나 고통스러우며 두렵습니다. 매번 '까짓것' 하며 덤볐다가 '아뿔싸' 하고 후회하길 반복합니다. 그러나 출간된 후에 책이 제게 준 영향을 생각하면 아이를 낳은 듯 기대되고 흥분됩니다.

원고를 넘겨주고 나니 덧붙이고 싶은 이야기가 자꾸 늘어나 몇 차례 추가 원고를 넣었습니다만 여전히 만족하지 못하고 있습니다. 최근에 만난 몇몇 분들과 생긴 일들도 수많은 경험의 압축판 같아 욕심이 많아졌기 때문입니다. 그러나 이러다간 영영 늦어질까봐 부족한 마음에도 그만 손을 놓았습니다.

밤에 글을 쓰는 버릇 때문에 글을 쓸 때마다 잠을 설칠 수밖에 없는 아내에게 미안함과 감사를 전하고 저를 지지해주고 응원하는 가족, 친구, 선배, 후배들과 탈고의 기쁨을 함께 누리고 싶습니다.

지난 몇 년간 한 번의 만남이나 긴 만남에 상관없이 제 삶에 깊은 영향을 준 모든 분들의 이름을 적는 것으로 감사를 대신합니다.(가족과 직원들은 적지 않았고, 존칭은 생략합니다)

강태봉, 고범석, 고병휘, 권창심, 금사홍, 금윤미, 김규하, 김기철, 김대준, 김상종, 김성호, 김세호, 김수로, 김수현, 김승일, 김영아, 김용만, 김윤환, 김재익, 김재현, 김종욱, 김종천, 김준래, 김지은, 김지후, 김진길, 김철수, 김현지,

김형중, 김훈, 김희곤, 김희선, 나상균, 나순경, 나영미, 나인환, 데니얼 강, 두지철, 라성원, 류현미, 박규상, 박미경, 박병준, 박영일, 박예은, 박은정, 박태견, 박태일, 박형희, 박홍균, 배명숙, 배일동, 백지연, 베키 리, 변두환, 상보규, 서명석, 서연태, 소상우, 송일, 송재조, 신상훈, 신현주, 안용준, 양동욱, 양소영, 양칠선, 양호열, 염동찬, 오승근, 오영국, 용덕중, 유니스 박, 유진구, 윤기원, 윤정연, 이강승, 이건희, 이명철, 이미경, 이민언, 이승원, 이승희, 이연근, 이원복, 이원호, 이재한, 이정열, 이종대, 이진우, 이향미, 이현주, 이호상, 이홍규, 임미숙, 임선화, 임승준, 임용수, 임은경, 장보환, 장은경, 장정언, 전우진, 전효백, 정기영, 정진철, 정태환, 정한, 정회원, 조명진, 조원배, 주정민, 주홍범, 지현정, 차경석, 차재호, 채서정, 채수환, 최창환, 최현문, 최훈석, 한상완, 한지혜, 함정훈, 허수태, 현승미, 홍경근, 홍기승, 홍성수, 황성은, Andrew Cherng, Ann Reed, Brian Jung, Charles Woods, Charlotte Wines, David Grieve, David Vollebregt, Gary Clayman, Jeff Burt, Kayla Chun, Kelly Choi, Ken Saito, Kenneth Wels, Key Kim, Peter Garvy, Pill Carron, Roger Moore, Rori Estrada, Sam Wang, Tsuruta Chieko, William Collins, Simon Wu.

생각의 비밀 THOUGHTS·BECOME·THINGS
—
차
례
—

• PART 4 •

하루 100번씩, 100일 동안의 기적

• PART 5 •

착하고 성실하되, 영악하고 게을러지자

THOUGHTS•BECOME•THINGS

PART 1

성공은
습관에서
온다

부자가 가난함을 알면 부의 처음과 마지막을 아는 것이다. 더불어 '많은 돈을 가진 가난한 사람처럼 살고 싶다'(파블로 피카소)는 마음을 알면 절대 망하지 않는다. 나는 내 인생에 실패가 준 경험들을 마음 깊이 존중한다. 그리고 나이 마흔 이후에 그런 배움을 통해 멋지게 재기한 것에 대해 자랑스러워한다. 실패하지 않았다면 자랑이 아니다. 언제 실패를 맛볼지 모르기 때문이다. 그러니 실패를 부끄러워할 이유가 전혀 없다. 오히려 실패하지 않음을 염려해야 한다. 실패를 통해 교훈을 얻기만 한다면 어떤 실패든 성공의 가치를 지닌다.

매장 10개 가진 회사가 매장 300개를 꿈꾸면 누군가는 비웃고 누군가는 흥분한다. 매장 300개를 보고도 매장 3000개를 말하면 누군가는 포기하고 누군가는 가슴이 뛴다. 도시락을 팔아서 대기업이 될 수 있다 말하면 누군가는 돌아서고 누군가는 상장을 생각한다. 나는 한계를 느끼지 않았다. 나는 항상 새로운 계획에 흥분하고 가슴이 뛴다.

세상에서 제일 큰 도시락 회사

1

우리 회사 사무실에는 '세상에서 제일 큰 도시락 회사'라는 문구가 검은 나무판에 큼직하게 쓰여서 동쪽 창문에 붙어 있다. 그런데 좀 더 가까이 가서 들여다보면 위쪽엔 작은 글씨로 '여기에서', 아래쪽 에는 '도 시작됐다'라는 말이 쓰여 있다. 그냥 '세상에서 제일 큰 도 시락 회사'라고 써놓은 것처럼 보이지만, 세상에서 제일 큰 도시락 회사가 된다는 뜻이기도 하고, 다른 사업들도 이곳에서 태어날 것이 라는 암시를 동시에 보여주기 위해서 그렇게 써놓은 것이다. 실제로 우리 사업은 도시락 회사를 시작으로 유통과 제조 부문으로 사업영 역을 확대하며 종합식품회사로 성장 중이다.

말은 소리가 되어 입으로 나오는 순간 힘을 가진다. 『요한복음』 1장은 이런 원리를 잘 설명하고 있다. 말은 힘이다. 소리가 언어를 통해 형태와 의미를 규정해서 누군가에게 전달되거나 내 귀에 내 말이 들리는 순간 그 말은 힘을 가진다. 그 힘은 실제 물리적인 힘을 말한다. 이 말들은 누군가의 생각을 거쳐 우리에게 나타나는 것이다. 그리고 그것이 글로써 우리 눈에 보이면 그 글을 볼 때마다 그 힘을 보여준다.

말이 가진 힘을 매번 증폭시키기 위한 가장 좋은 방법이 글로 써 놓은 것이다. 글이 지니고 있는 힘을 믿는 사람들이 저마다의 바람을 문양으로 만들어 가지고 다니는데, 그것을 부적이라 부른다. 부적에는 미신적인 요소가 과장되어 있지만 책상머리에 써놓은 '서울대 입학'이라는 글귀가 부적과 다른 점은 별로 없다.

나는 말의 힘을 믿는 사람이다. 한번 말을 하고 나면 잊기 전까지 그 힘이 사라지지 않음을 믿는다. 그리고 그 말에 힘을 부여하고 계속해서 그 힘이 사라지지 않게 하기 위해 액자에 써서 걸어놓거나 그에 알맞은 이미지를 만들어 포스터로 제작하여 걸어놓는다. 내가 내 개인적인 새로운 목표나 회사의 새로운 목표를 이루기 위해 첫 번째로 하는 것이 바로 그런 일이다. 나는 매번 그런 방식으로 수많은 목표를 달성해왔다.

현재의 본사 사옥을 구매할 때도 그랬다. 매물로 나온 건물을 둘러본 후 매매대금을 마련하기도 전에 아침 일찍 몰래 그 건물에 들러 사진을 찍어다가 '우리 회사 미래 사옥'이라고 크게 확대해서 붙

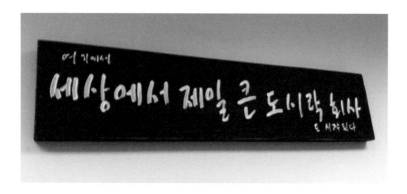

나는 말의 힘을 믿는 사람이다. 한번 말을 하고 나면 잊기 전까지 그 힘이 사라지지 않음을 믿는다. 그리고 그 말에 힘을 부여하고 계속해서 그 힘이 사라지지 않게 하기 위해 액자에 써서 걸어놓거나 그에 알맞은 이미지를 만들어 포스터로 제작하여 걸어놓는다.

여놓았다. 우리는 지금 그 멋진 건물에서 다들 근사한 책상에 앉아 넥타이를 매고 일한다. 불과 몇 해 전 창고 건물에서 한 책상에 여섯 명씩 일하던 모습을 상상할 수 없다. 견고한 울타리로 사방이 둘러처져 있고, 호수와 수백 평의 텃밭이 있고, 고급 커피숍이 들어와도 될 가든과 가장 비싼 사무용 가구 책상들과 차고 넘치는 캐비닛, 그리고 60대 분량의 화물 컨테이너를 적재할 수 있는 창고까지 딸린 최신 건물을 융자도 없이 구매했다. 그 시작은 남몰래 아침에 사진 한 장 찍어놓은 것에서 시작한 것이다.

내 생각을 끊임없이 자극할 만한 환경만 만들어주면 무엇이든지 얻게 된다는 것이 내 경험의 소산이다. 나는 얼마 전까지 내 이메일의 암호를 '300개매장에주간매출백만불'이라고 길게 만들어 쓰고 있었다. 내가 이 사업을 시작한 뒤 매장 300개에 주간매출 100만 달러를 올리는 것이 소원이었기 때문이다. 이렇게 하면 하루에 몇 번은 매일 그 말을 반복함으로써 그 힘의 영향을 받을 수 있기 때문이다.

덕분에 내 회사의 목표가 무엇인지를 언제든지 잊지 않게 된다. 그런데 2012년부터 암호를 바꿔버렸다. 그 목표가 이루어졌고 이제 목표를 새롭게 바꿨기 때문이다. 새로운 목표는 매장 3000개에 연간 매출 목표 10억 달러다. 그런데 이 목표를 세우고 얼마 안 되어 콜로라도, 캘리포니아, 워싱턴, 오리건, 알래스카에서까지 수백 개의 매장 오픈 요청을 받고 있고, 미국 유명 슈퍼마켓 대부분에서 입점 요청이 줄을 잇는다. 이를 따라가면 연간 매출 1조 원이 넘을 것 같다. 3000개의 매장과 연간 1조 원 매출이라는 목표를 이루기 위해서는 그 긴 암호를 몇 년만 간직하면 될 것 같다. 그 긴 암호 덕에 6년 전 연간 500만 달러의 매출을 올리던 회사가 열 배를 넘어 수백 배 성장을 앞두고 있다.

나는 여전히 농사일을 좋아한다. 누군가가 회사에서 내가 무슨 일을 하느냐고 묻는다면 목표를 정해서 포스터나 액자를 만들어 걸어놓는 일이라고 말할 것이다. 실제 하는 일을 묻는다면 회사 뒤뜰에 트랙터를 끌고 다니면서 농사를 짓는 일이라고 말할 것이다. 사장이 무엇을 하는지 보이지도 않는데 내 회사는 지난 몇 년 사이에 수백 배 성장을 앞두고 있다. 그 비결을 묻는 사람들에게 나는, 목표를 끊임없이 각인시키는 방법을 통해 내 머릿속에 지속적인 생각을 할 수 있도록 도와준 사소한 방법들에 대해 이야기해준다. 그러면 사람들이 으레 또 다른 비법이 있으리라 생각하면서 곧이곧대로 믿지 않는 듯한 느낌을 나는 자주 받고는 한다. 눈에 보이는 목표의 힘이 얼마나 큰지를 경험하지 못한 사람들에게 얼마나 더 꾸준히 이 말을 계속해야 하는지 답답하다.

좋은 꿈을 현실로
만드는 방법

2

달걀 하나의 가치가 1억 달러나 한다면 믿을 수 있을까?

2009년 11월 6일, 오하이오 크로거 본사에서 찰스 우드와 미팅을
갖기 전날이었다.

잠에서 깨어나니 지난밤 꿈이 기억에 선명하다. 한창 농장에서
일하다가 무거운 허리를 폈는데, 저쪽 멀리서 남자 셋이 사냥을 하
면서 내려온다. '남의 농장에 허락도 없이 뭔 일일까?' 궁금해 하며
재미 좀 봤냐 물었더니, 별로 재미를 보지 못했다며 어깨를 으쓱인
다. 그런데 그들 뒤로 사슬에 목이 감긴 여우 한 마리가 따라 내려온
다. 사냥하던 남자들을 쫓아 내려온 것이 분명한 여우는 겁을 잔뜩

먹은 표정이다.

그들은 여우를 나에게 맡기더니 가던 길로 내려가버렸다. 앙칼져 보이는 여우를 조심스럽게 아우르자, 언제 얻었는지 모를 상처가 아물면서 생긴 흉터로 인해 약간 일그러진 얼굴을 한다. 그러면서도 얌전히 앞다리를 꼬며 내 품에 들어왔다. 야생 짐승이 이렇게 스스럼없이 품에 안기는 것이 신기하기도 하고 안쓰럽기도 해서 부드럽게 안아주다가 잠에서 깼다.

찰스와의 미팅 결과는 기대 반 걱정 반의 우려를 남기고 끝났다. 찰스는 2500여 개의 매장을 소유한 크로거 회사의 델리 코너 담당자다. 그는 미국 전체 매장에 입점해 있는, 18개 회사가 운영하는 800여 개의 도시락 매장을 네 개의 회사를 선별하여 직접 관리하고자 하는 의도를 가지고 각각의 회사 중에 어떤 회사를 네 개의 회사로 받아들일 것인가를 놓고 회사의 규모와 형태를 알아보고자 우리를 만나자고 한 것이었다.

우리가 18개 회사 중에 4개의 회사 안에 선정된다면 미국 시장의 25%를 먹을 수도 있다. 반대로 만약 탈락한다면 우리 회사 매출의 70%를 잃을 수도 있는 상황이었다. 미국 남부는 물론이고 미국 전역 어느 경쟁업체와 비교해도 우리가 다른 회사보다 낫다고 생각했다. 그러나 변수가 매우 많은 사업 특성상, 찰스가 어떤 압력이나 왜곡된 정보를 100% 배제시킨 경우가 아니라면, 마냥 안심만 하고 있을 수는 없는 일이었다.

'그래. 위기는 기회다.' 미팅에서 돌아와 이 문제를 풀기 위해 곰

곰이 생각하다가 전날 꾸었던 꿈을 기억해냈다. 나는 이번 기회를 통해 회사가 한 번 더 도약하기 위한 프로젝트를 구상했다. 그리고 이 프로젝트에 '붉은 여우 생포작전'이라 이름을 지었다. 꿈에서 그들이 내게 맡긴 여우를 그들의 도시락 사업이라고 해몽했기 때문이다.

먼저 책상에 앉아 인터넷에서 사진을 검색했다. 네 명의 남자가 작은 나무상자를 앞에 두고 금방이라도 채를 휘두를 듯한 포즈로 서 있는 사진을 구하고 나서 적당한 여우 사진도 찾았다. 두 사진을 가지고 코렐드로Corel Draw를 이용해서 그런 대로 근사하게, 마치 영화 포스터처럼 보이도록 만들었다. '붉은 여우 생포작전'이라는 제목을 넣고 2010년 신시내티 필름 페스티벌 최우수 작품상이라는 단어 앞뒤로 월계수 잎까지 그려 넣었다. 하단에는 감독 김승호를 시작으로 직원들 이름 앞에 촬영이니 각본, 연출, 주연 등등을 임의로 적어 놓으니 영락없는 영화 포스터다.

포스터를 인쇄해서 사무실 문마다 붙였다. 그러고 나서, 내가 어떤 일을 반드시 성공시키고 싶을 때마다 해왔던 일을 시작했다. 이것은 내 인생에서 딱 네 번을 해서 모두 멋지게 성공했기에 이번 다섯 번째 역시 근사하게 성공하리라는 것을 조금도 의심하지 않았다.

그것은 바로 내가 이루고자 하는 것을 하루에 100번씩, 100일 동안 중얼거리는 것이었다. 내 목표는 명확하고 구체적이었다. 미국 전역에 300개의 매장과 일주일 매출이 100만 달러로, 연간 5000만 달러를 달성하는 것으로 정했다. 그리고 해당 회사의 매장 가운데

그것은 바로 내가 이루고자 하는 것을 하루에 100번씩, 100일 동안 중얼거리는 것이었다. 내 목표는 명확하고 구체적이었다. 미국 전역에 300개의 매장과 일주일 매출이 100만 달러로, 연간 5000만 달러를 달성하는 것으로 정했다.

이미 운영 중인 프리미엄급 매장 50여 개에 대해서도 내가 운영하 겠다는 목표로 넣었다. 우리는 이제 겨우 그런 매장을 하나만 손에 넣은 상태였지만 안 될 것이 무엇인가?

2월 22일, 세 가지 목표를 되뇌인 지 100일째 되는 날이다. 정확 히는 시작한 날로부터 102일째다. 이틀을 빼먹었기 때문이다. 그동 안 무슨 일이 있었을까? 96일째 되던 날에는 내가 처음 이 사업을 시작할 때 찾아갔다가 푸대접을 받았던 회사에서 연락이 왔고, 같은 날에 애틀랜타 지역의 한 회사를 지난 3년간 두드렸지만 미팅 자리 조차 마련해주지 않던 회사에서 연락이 왔다. 그리고 마침내 104일 째 되던 날에는 크로거 본사에서 부회장으로부터 직접 연락이 왔다.

제프 버트Jeff Burt 부회장이 우리에게 연락하게 된 과정은 이렇다. 어느 날, 크로거의 딜런Dillon 회장이 16개 지역 사장과 본사 주요 임 원을 대동하고 휴스턴의 한 매장에 방문한다는 소식이 들렸다. 그곳 엔 우리 매장이 있었다. 직원들과 나는 발 빠르게 움직였다. 우선 인 터넷에서 크로거 임원들의 이름과 사진을 구하고 우리 회사를 소개 하는 팸플릿을 만든 후 매장 앞에 시식대를 만들어놓고 나서 그들이 지나가기를 기다렸다.

회장과 사장단들이 도착하자 우리 직원들은 전화로 인상착의를 대조해가며 한 명씩 막무가내로 회사 소개와 함께 팸플릿을 돌렸다. 지역 사장들 중에는 우리의 제품이 월등한 것을 알아보고 상당히 깊 은 관심을 보이는 사람도 있었다. 그중에 한 사람이 바로 3년간 애 를 먹이던 회사의 대표인 애틀랜타 사장 루커스였다. 하지만 본사의 델리 부회장인 버트가 막상 보이지 않았다. 버트를 잡는다면 300개 매장은 아무것도 아니었다. 회사를 소개할 때마다 그 일은 버트 담당이라며 한 걸음 물러서는 임원들을 포기하지 않고 한 사람 한 사람씩 부탁을 했다.

딜런 회장에게도 기념품 회사를 협박하다시피해서 하루 만에 만든 감사패를 전달했다. 감사패에는 우리 전 직원과 각 매장 점주들이 자신들의 나라 말로 크로거에서 함께 일하게 된 것에 감사드린다는 말을 새겨 넣었다. 감사패를 받은 딜런 회장은 자기가 직접 들고 가겠다며 아이처럼 기뻐했다.

버트 부회장이 연락을 해왔다는 직원의 전화를 받고 있을 때 나는 농장에서 온돌 찜질방을 만드는 중이었다. "그래? 찜질방은 마저 만들어야 하니 두 주 후로 약속을 잡아줘…." 3월 15일, 미팅을 하기 위해 신시내티로 날아갔다. 목표를 세운 지 121일째 되던 날이다. 미팅 날 아침에 함께 참석한 우리 회사의 부사장이 아침에 꾸었다는 꿈 이야기를 한다.

달걀 한 판을 받았는데, 그 안에는 상한 것도 있고 싱싱한 것도 있기에 골라내는 꿈을 꾸었다며 내게 좋은 꿈을 꾸었는지 묻는다. 나는 대답 대신 농장에서 가져온 파란 달걀을 가방에서 꺼내보였다. "이게 무슨 달걀입니까?" 동석한 우리 직원이 놀라며 묻는다. "이따가 알게 될 거야!"

버트 부회장과의 미팅은 신시내티 시내 언덕에 위치한 조용한 일식집에서 순조롭게 진행됐다. 우리는 크로거 내의 도시락 사업에 대한 전면적인 수정과 개선에 대해 합의를 하고 그 일을 우리가 주도해서 맡기로 했다. 우리는 미팅 전에 이미 몇 차례의 모의 협상을 통해 버트 부회장이 필요로 하는 문제를 추적해왔고 철저하게 그들의 관점에서 답안을 준비했기에, 버트 부회장의 모든 의문과 목표에 대해 명확히 설명하고 설득할 수 있었다. 합의가 거의 마무리되자 나는 양복저고리에서 조심스럽게 파란 달걀을 꺼냈다.

"이것은 어제 아침에 내 농장에서 가져온 것입니다. 며칠간은 신선합니다. 그러나 이대로 놔두면 썩을 수도 있고 인큐베이터에 넣으면 병아리로 키울 수도 있습니다. 도시락 사업은 이제 막 태어난 달걀 같습니다. 지금은 잘되고 있는 듯하지만, 지금 관리를 안 한다면 썩어버릴 수도 있고, 또는 거대한 사업으로 키울 수도 있습니다. 만약 이 사업을 거대하게 키우고 싶다면 이 달걀에다 서명을 합시다. 내가 이 달걀을 다시 휴스턴으로 가져가서 부화기에 넣겠습니다. 그리고 병아리가 태어나면 그놈을 크로거라 부를 겁니다."

부회장을 시작으로 함께 자리한 담당자 찰스와 찰스의 상사인 앤도 기꺼이 그 달걀에 서명했다. 우리는 당장 다음 달부터 버지니아 주를 시작으로 미국 전역의 그랩앤고^{grap and go} 도시락 시장을 바꾸기로 했다. 일이 진행되기 시작하면 지난 5년간 이룬 회사의 성과가 매년 더해질 것이 분명하고, 빠르면 연말 안에도 300개의 매장과 주당 100만 달러의 매출을 올리게 될 것이다.

"당신들이 휴스턴에서 무슨 짓을 했는지 모르지만, 우리 임원들

It looks Fresh but only for the few Days
It can spoil if We left it alone
or
Becomes the Chick which lays another 100 million eggs.

DO YOU SEE WHAT I SEE

Another 100 Million
Blue egg

부회장을 시작으로 함께 자리한 담당자 찰스와 찰스의 상사인 앤도 기꺼이 그 달걀에 서명했다. 우리는 당장 다음 달부터 버지니아 주를 시작으로 미국 전역의 그랩앤고 도시락 시장을 바꾸기로 했다.

이 휴스턴을 다녀온 다음날 내 책상에 당신들 명함이 놓여 있더이다. 내가 전화를 안 하면 안 되는 상황이더군요." 버트 부회장은 미팅이 끝나갈 무렵 웃으며 덧붙였다. "찰스에게 물어보니 16개 회사 중에서 당신네 회사가 가장 좋은 느낌이었다고 하더군요."

이 모든 것이 이루어지는 데 넉 달도 안 걸렸다. 휴스턴으로 돌아와 달걀을 부화기에 넣기 전에 사진을 찍어 영화 포스터를 한 장 더 만들었다. 그리고 그 달걀 밑에 아래와 같이 써서 붙였다.

"Another 100Million dollars Blue Egg."

나는 회사 목표를 수정했다. 연간매출 1억 달러. 우리 회사를 방문하는 외부 사람들은 사무실 여기저기에 붙어 있는 포스터를 볼 때마다 여기서 영화도 만드느냐며 한마디씩 묻는다.

우리는 '붉은 여우 생포작전' 포스터 위에 덧붙여 놓은 'Mission Complete'란 글씨를 쳐다보며 빙그레 웃을 뿐이었다.

2007년에 나는 주간 매출이 48만 769달러(연매출 기준 2500만 달러)에 달하면 직원 모두에게 BMW를 사주겠다고 약속했었다. 2011년 3월 19일자로 주간 매출이 48만 4431달러에 달했다. 나는 즉시 BMW 딜러에게 차 다섯 대를 주문했다. 다섯 대의 차는 초기부터 함께해온 직원들이 하나씩 받아갔다. 매년 25% 정도의 매출 신장이 이어지던 예년에 비해 2010년은 40% 이상의 매출 신장을 기록했고, 이듬해에는 무려 100% 이상의 매출 신장을 기대하게 되었다. 이런 일이 가능하게 된 가장 큰 이유는 우리의 1억 달러짜리 달걀이 부화되어 버지니아, 노스캐롤라이나, 사우스캐롤라이나,

2011년 3월 19일자로 주간 매출이 48만 4431달러에 달했다. 나는 즉시 BMW 딜러에게 차 다섯 대를 주문했다. 다섯 대의 차는 초기부터 함께해온 직원들이 하나씩 받아갔다.

웨스트버지니아, 유타, 애리조나 등등으로 번져가기 시작했기 때문이다.

그 뒤 오하이오 주를 비롯하여 인근 주와 캘리포니아 주, 콜로라도 주 등에 시장을 오픈하면서 명실공히 전국적인 회사로 발돋움하게 되었다. 그 당시 1년 사이의 성공은 회사 설립 이후의 총 매출만큼이나 큰 발자취를 남기고 있었다. 텍사스 남부의 카우보이가 우글거리는 도시에서 생겨난 작은 도시락 회사가 2~3년 안에 미국 내 업계 1위를 넘볼 정도로 커진 것이다. 회사 주차장에 BMW가 우글거리는 모습을 보면 기분이 좋다. 내 생각이 현실이 되어 있음을 본다는 사실에 기분이 좋아진다.

프랑스에서 찾아온 여자, 중국에서 찾아온 여자

<u>3</u>

사업이 한참 자리를 잡아가던 어느 날, 거의 같은 시기에 프랑스와 중국에서 두 여자가 찾아왔다. 사업과정에서 알게 된 많은 사람들 중에서 남자들은 대부분 나중에 어떻게 하면 좋은 매장 하나 받아갈 수 있지 않을까 하는 마음을 비쳤으나, 이 두 여자는 특이하게도 나의 사업 방식을 가르쳐달라고 졸랐다. 내가 그들에 대해서 아는 것이라고는 나의 책 『김밥 파는 CEO』를 읽고 무작정 지구 반대편까지 찾아왔다는 것뿐이었다.

나는 두 사람에게 한 달 동안 휴스턴 본사에서 교육을 마치도록 한 뒤에 중국과 프랑스로 돌려보냈다. 대부분의 남자들은 식당을 하고 싶어 나를 찾아왔으나, 이 두 여자는 나의 사업운영 시스템을 통째로 갖고 싶어 찾아온 것이 신기하고 대견해서 동생들처럼 자세히 가르쳐줬다. 희선 씨는 중국으로 돌아가 북경 근처의 슈퍼마켓에 매장을 열었고, 켈리는 프랑스에서 가장 큰 슈퍼마켓과 협상을 해서 매장을 열기 시작했다. 두 사람의 차이가 있었다면 한 사람은 사업을 배우려 했고, 한 사람은 내 삶을 배우고 싶어 했다는 점이다. 사업을 배우고자 했던 희선 씨는 프랜차이즈 구조가 영글기 힘든 중국에서 열 개까지 매장을 열었다가 복잡한 세법에 질려 했고, 나의 삶을 배우려 했던 켈리는 유럽 전체에 빠른 속도로 우리 매장을 보급해나가기 시작했다.

내겐 참 여러 사람들로부터 연락이 온다. 여대생으로서 사업가가 되고 싶은 은혜, 좋은 직장에 다니면서도 음식산업에 대한 꿈을 버리지 못하는 승근이, 켈리처럼 되고 싶다며 한 달간 배우고 유럽으로 날아간 성은이, 근사한 사무실에서 일하면서도 사회적 기업을 세우겠다는 목표를 가진 백지연, 과일과 채소로 성공해보겠다고 내가 강의하던 곳을 무작정 찾아왔던 김영아, 홍대에서 빙수 매장을 하는 김수로, 그 외에 미국까지 무작정 찾아와 일을 하겠다고 덤비던 현정이를 비롯한 수많은 사람들, 그들은 모두 자기들의 분명한 목표를 위해 도전했다.

사회적으로 성공한 사람들에게 이렇듯 당당히 요청하는 것을 의외로 많은 사람들이 힘들어 한다. 그러나 이렇게 구하고 도전하고 부딪치는 사람들이 그 다음 기회를 찾아가게 된다. 나는 나를 찾아왔던 모든 젊은이들이 성공한다고 생각하지는 않는다. 그러나 그런 행동을 보이는 사람들 중에 성공하는 사람들이 많이 나온다는 것은 믿어 의심치 않는다.

켈리는 나를 따라서 자기가 가지고 싶은 목록을 다 적어놨다. 그리고 하나씩 하나씩 이루기 시작했다. 그 리스트에는 사업부터 시작해서 사생활에 이르기까지 모든 것이 다 들어 있었다. 남편감의 모습부터 태어나지도 않은 아이, 갖고 싶은 집과 요트 등 모든 것을 자세히 소망했다. 몇 년이 지나 켈리는 모든 소망을 다 이뤘다. 프랑스에서 했던 몇 가지 사업과 연애 실패 이후에 멋지게 보란 듯이 재기한 것이다. 켈리는 근사한 프랑스 남자와 결혼했다. 그 사이에서 그림같이 생긴 여자아이 미아를 낳았다. 내게 한국 이름을 하나 만들어달라 해서 '지유'라고 지어줬다. 켈리는 프랑스를 넘어 유럽 전체에 매장을 넣기 시작했고 미국 전체와 버금가는 회사를 만들어냈다.

나는, 사람들이 자신의 자만심을 가지고는 성공이 쉽지 않다는 것을 배운다. 어떤 사업을 하려고 마음먹고 돌아보면 이미 할 만한 것은 다 해버려서 막상 무엇을 해야 할지 모를 때가 많다. 그렇지만 내 책 『김밥 파는 CEO』를 읽은 사람이 한둘이 아닐 텐데 왜 어떤 이들은 그것에서 기회를 보고 다른 이들은 독서로 만족하는 것일까? 배우려 하고 도전하려는 사람들에겐 조그만 틈새로도 빛이 들어오는 것이 보이고, 그 빛을 그냥 지나치지 않는 호기심과 열정이 있다. 이 열정이 성공의 문을 만드는 것이다.

"오빠! 제가요, 오빠 따라 한다고 다 잘했는데 소원 목록에 적을 때 한 가지를 빠트렸어요."

이제 사적인 관계가 되어버린 켈리는 휴스턴에서의 연례 회사 미팅이 끝나고 만난 자리에서 나를 구석으로 잡아끌더니 한쪽에 서 있던 신랑을 쳐다보며 말한다.

"뭐가 더 필요한데?" 내가 물었다.

"제가요…. 미래의 신랑에 대한 소원목록에서 키랑 얼굴은 적어두었는데 머리숱이 많아야 한다는 점을 빼먹었어요."

나는 켈리 등짝을 때려주고 싶었지만 사람들이 많아 꾹 참고 그냥 웃어주고 말았다.

성공한
부자들의 습관

4

성공하는 사람들은 성공할 수밖에 없는 배경을 가지고 있다. 이 배경에 흔히 빽이라고 불리는 부모의 자산 등은 포함되지 않는다. 이것이 교육으로 온 것인지 스스로의 습득에서 온 것인지는 확실치 않다. 그러나 대부분의 성공한 사람들의 유사점은 놀랍도록 일치한다. 토머스 콜리가 자신의 저서 『부자되는 습관Rich Habits』에 이를 조사한 내용이 들어 있다. 성공한 사람들의 가장 일반적 습관은 독서다. 무려 88% 이상이 하루에 30분 이상의 독서를 즐긴다. 반면 가난한 사람들은 2%만이 독서를 즐긴다. 장거리 비행 시에 일반석 승객들은 대부분 영화를 즐기지만 비즈니스석 승객들은 일을 하거나 두툼한 책을 읽는다.

성공한 사람들은 지근거리에 항상 책을 둔다. 가방, 사무실 책상, 침대 옆, 자동차 등 어디에도 책이 흔하게 보인다. 간혹 한 권의 책을 다 읽고 나면 문득 두려움이 몰려올 때가 있다. 내가 아직까지 이런 걸 모르고 살았다는 두려움이다. 이 세상에 얼마나 고수들이 많은가, 하는 자각에 대한 공포심이기도 하다. 이런 지식과 지혜 없이 살아남은 것이 행운이라는 생각이 들 정도이니 도저히 배우기를 멈출 수 없다. 책이 손에서 떠날 수 없는 이유다. 그래서 성공한 사람들의 86%가 평생 교육의 힘을 믿는 것이다. 가난한 사람들의 5%에 비하면 어마어마한 차이다. 그래서 부자들은 86%가 책 자체를 좋아하는 반면에, 가난한 사람들은 26%에 그친다. 매일 할 일을 적는 것 (81% 대 9%)도 아홉 배 이상 차이가 나지만, 특이하게도 일주일에 네 번 이상 정기적으로 운동을 하는 비율도 74% 대 1%로 절대적인 차이가 난다. 정신과 몸이 서로 유기적으로 연결되어 있음을 잘 이해하고 있기 때문이다.

또한 구체적인 목표를 설정하는 것(80% 대 12%)과 목표 자체를 기록해놓는 비율도 67% 대 17%로 네 배의 차이를 보인다. 아침 시간을 효율적으로 보내는 것을 증명하는 기상 시간을 보면 출근 3시간 전에 일어나는 비율도 3.5배가 높다. 성공하는 사람들의 이런 평소 습관들이 모여 성공의 기본적 배경을 이루고 있었던 것이다. 내 주위의 사업가 친구들의 삶의 형태도 이와 별반 다르지 않다. 한국의 사업가들도 다르지 않았다.

연세대 상경대학원에서는 한국의 프랜차이즈 사업가들이 모여 교육을 받는 프랜차이즈 CEO 과정이 있다. 나는 2년 전 미국에서 4개월 가까이 출퇴근해가면서 해당 교육을 이수한 적이 있었다. 그때 자수성가한 여러 고참 사업가들과 젊은 신진 사업가 그룹들을 많이 만날 수 있었다.

이들은 대부분 자수성가한 그룹이었다. 그들은 출신과 받은 교육의 정도나 과정이 다를지라도 대부분 비슷한 습성들을 가지고 있었다. 호기심이 왕성하고 혹시 누군가에게 내가 배워 올 것이 없는지 수시로 묻고 경청도 잘하며 목표들이 명확했다. 자신들이 무엇을 하고 싶은지 다들 확실히 알고 있었다. 함께 연수라도 갈라면 저녁 늦게까지 토론과 술자리가 이어졌지만, 다음날 새벽 일찍 시작하는 모임에도 다들 거뜬하게 참여하는 등 좋은 체력을 보였고, 일부는 그 사이 운동을 하고 오기도 했다. 미국 사업가들과 조금 다른 점이라면 책을 통해 정보 얻는 것을 지루해 해서 인터넷이나 각종 강의와 인맥을 활용하려는 비율이 높았다는 것이다.

그러나 한국이든 미국이든 성공한 부자들은 세 가지 공통점이 있다. 첫째, 부채에 대한 인식이 확연히 다르다. 그들은 1% 은행이자 차이나 0.25%의 중앙은행 금리 변동이 주는 영향에 대해 즉각적으로 강한 반응을 보이고 부채에 대해 대책을 마련한다. 그러나 가난한 사람은 신용카드 이자나 마이너스 통장 대출이자가 몇 %인지 잘 모른다. 현재 상환 중인 대출이자를 흥정한다거나 은행이 제시하는 각종 금융상품의 이자를 흥정할 수 있다는 사실조차 모른다.

두 번째로는 문제를 보는 방식이다. 보통 회사에서 어떤 문제가 발생하면 보고자가 보고를 한다. 그러나 이 최초 보고에는 보고자의 사견이 들어 있다. 흔히 일반인들은 최초 보고에 의거하여 상황을 판단해나간다. 그러나 만약 최초 보고가 편향되었거나 다른 목적을 위해 왜곡되었다면 모든 판단은 처음부터 잘못되는 것이다. 문제가 더 큰 문제를 낳는 가장 흔한 경우다. 성공한 사람들은 그런 이유로 최초 보고에 대한 객관적 기준을 갖기 위해 노력한다. 신문기사나 사회현상 등에 대해서도 같은 태도를 유지하기에 자유롭게 의심하고 현상의 원인과 현상의 파장에 대해 스스로 생각하는 버릇을 익히기 마련이다.

세 번째 공통점은 사건과 사물의 부정적인 측면보다 긍정적 측면에 관심이 많다는 것이다. 바보 같은 아이디어에도 관심을 보이고 사고가 발생하면 사고 이면에 어떤 좋은 점이 있을지 찾아본다. 쉽게 기가 죽지도 않으며 포기하지도 않는다.

긍정적 마인드를 가진 사람을 이긴다는 것은 거의 불가능하다. 결국 작은 확률이라도 잡아내는 사람은 그 확률을 믿고 기다린 사람이기 때문이다. 희망을 말하는 사람의 말에는 분노나 짜증이 있으면 안 된다. 분노나 짜증이 섞인 대화나 생각에는 힘이 실리지 않는다. 그러므로 성공한 사람들의 표정은 항상 밝으며 우중충한 얼굴로 돌아다니지 않는다.

성공이란 오래된 습관의 결정체다. 그리고 이 습관이 만들어낸 판단 하나하나가 모여 실체를 이룬다. 하루아침에 갑자기 나타나는 복권 같은 성공도 이런 좋은 습관이 없는 사람에게 가면 얼마 못 가서 사라지게 된다. 젊은 여자가 남편감을 고를 때 이런 좋은 습관을 가진 남자를 고르면 자수성가시킬 수 있으니 기억해놓기 바란다.

Reader's Digest

긴 앞치마와 특이한 모자를 쓴 동양 요리사에 이끌려 찾아온 고객들은 요리사들이 능숙하게 김밥을 만들고 썰고 포장하는 모습을 흥미롭게 지켜봤다. 요리 과정이 쇼가 된 것이다. 김밥 말기를 배우고 싶어 하는 고객은 앞치마를 입히고 모자를 씌워 주방 안으로 데리고 들어왔다. 자기가 만든 김밥을 자기가 사갔다. 당근을 썰어 나비를 만들고 오렌지를 꺾어 꽃을 만들면 관객들은 박수를 쳤다. 얌전하고 예쁘장한 여자아이가 쑥스럽게, 그러나 아주 훌륭하게 노래를 잘 부르는 공연을 보여주는 것과 같은 느낌이었다.

「김밥 파는 CEO」 중에서(김승호 지음, 2010)

망하면서
배우는 것들

5

나는 청년시절부터 줄곧 사업을 해왔다. 작은 점포 운영부터 꽤 규모가 되는 업체까지 크고 작은 여러 비즈니스를 운영해봤다. 지금 사업을 하기까지 참 여러 번 망해봤지만 돌이켜보면 매번 실패를 통해 지금 무엇을 하고, 무엇을 하지 말아야 할지를 정확히 배워온 셈이다.

미국 와서 처음 연 것은 이불가게였다. 조각이불(퀼트) 가격이 한국에 비해 미국이 열 배 이상 더 비쌌다. 이를 이용한 차액을 노려본 것이다. 그러나 미국 소비자들은 이불 색깔과 커튼, 침대보, 베개까지 한 세트로 구매하고자 하는 사람이 많았고, 당시 한국은 세

트라는 개념이 없었다. 소비자 문화를 이해하지 못하는 바람에 손님은 들어와도 살 수 있는 물품이 없었다. 기초적인 시장조사도 없이 시작한 사업은 그렇게 문을 닫았다. 시장이 먼저라는 교훈을 얻었다.

여럿이 신문사를 차렸을 때는 주주와 경영자의 경계가 불분명한 사람들이 함께 동업할 때 생기는 문제를 인지하지 못했다. 일부 주주들은 경영하는 사람들을 자신들의 직원으로 생각하기도 했다. 그래서 그 이후에는 동업의 경험이 없는 사람과는 사업을 하지 않는다는 원칙을 세웠다. 증권과 선물거래 회사를 할 때는 과거의 기록이 미래의 이익을 보장하지 못한다는 원칙을 알게 됐다. 과거를 맞췄다고 미래도 알 것이라는 점쟁이 말을 믿는 것과 동일한 일이었다. 그런 내용도 모르고 모든 재산을 걸었던 것이 창피했다. 하지만 금융 조직의 거대한 흐름 앞에 한 사람의 자산 구조나 한 회사의 존폐는 바람 앞에 등잔 같은 상황임을 배웠다. 당시에 나는 투자라는 행위가 돈을 벌기 위한 것인 줄은 알았지만, 돈을 이미 벌어들인 사람들의 재물이 될 수도 있다는 것을 전혀 감지하지 못했다. 그 이후로 투자를 대하는 거시적 안목을 배울 수 있었다. 많은 돈을 잃었지만 그때 부富를 다루는 기술을 배운 것이 천운이었다.

한국 식품점을 할 때는 폐쇄적 시장 구조를 가진 사업이 얼마나 지루한 일인가를 배웠다. 이 일로 사업체가 아닌 산업을 보는 눈을 가지게 됐다. 컴퓨터 조립 사업을 동업자와 할 때는 내가 모르는 일에서는 투자 지분과 상관없이 끌려다닌다는 것을 알게 됐다. 아무리 돈을 많이 번다 해도 내가 배울 수 없거나 알지 못하는 사업에 관심을 두지 않게 된 이유다.

건강 식품점은 정확히 말해 내 잘못은 아니었다. 그러나 9·11과 같은 급작스런 경기변동이나 시 정부의 장기간의 도로공사 등과 같은 불가항력적인 일을 마주할 때 버틸 자본이 마련되지 않은 상황에서의 규모가 큰 비즈니스는 작은 사업보다 쉽게 쓰러진다는 것을, 그리고 착한 사장이 좋은 사장은 아니라는 것과 이자의 무서움을 함께 배웠다.

스스로 사장이 된 사람에게 누가, 어디에서 이런 것을 배울 수 있게 해주겠는가? 그때 당시는 매번 가슴을 짓누르는 고통이 있었으나 지금 돌이켜보면 하나하나가 어마어마한 수업이요 자산이다. 이 중 하나라도 배우지 못했다면 나는 지금 이 사업을 이끌고 가다가 저런 암초들을 또 만나 다시 침몰할 수도 있었을 것이다.

부자가 가난함을 알면 부의 처음과 마지막을 아는 것이다. 더불어 '많은 돈을 가진 가난한 사람처럼 살고 싶다'(파블로 피카소)는 마음을 알면 절대 망하지 않는다. 나는 내 인생에 실패가 준 경험들을 마음 깊이 존중한다. 그리고 나이 마흔 이후에 그런 배움을 통해 멋지게 재기한 것에 대해 자랑스러워한다. 실패하지 않았다면 자랑이 아니다. 언제 실패를 맛볼지 모르기 때문이다. 그러니 실패를 부끄러워할 이유가 전혀 없다. 오히려 실패하지 않음을 염려해야 한다. 실패를 통해 교훈을 얻기만 한다면 어떤 실패든 성공의 가치를 지닌다. 두려워하지 말기 바란다. 성공은 사실 굉장히 간단한 원리를 따른다. 계속 실패해도 계속 도전하면 된다. 그러다 보면 언젠가 성공해 있는 자신을 보게 될 것이다.

누군가는 비웃고
누군가는 가슴이 뛰고

6

월리엄은 아르헨티나에서 어린 나이에 미국으로 이민을 온 내 친구
다. 그는 영화감독이자 철학자다. 독특한 자기만의 세상을 가지고
있으며, 영화를 통해 삶의 의미와 사업적 성공을 함께 잡기 위해 끊
임없이 꿈꾼다. 그의 꿈은 크다. 나는 언젠가 월리엄이 미국 영화판
을 뒤흔들 것을 믿는다. 왜냐하면 그가 그렇게 될 것을 믿고 있고,
나 역시 그가 믿는 것을 믿기 때문이다.

　어느 날 차를 타고 오다가 우린 둘 다 같은 고민을 하는 것을 알
게 되었다. 부하직원이나 주변 사람들 중에 개인적 한계를 느끼는
사람에게 그 한계가 없음을 가르치고 이해시킨다는 것이 얼마나

어려운 일인가에 대해 느낀 절망이었다. 아마 윌리엄은 수도 없이 안 된다는 소리를 들었을 것이다. 휴스턴에서 캘리포니아의 할리우드를 능가하는 영화를 만든다는 것은 쉬운 일이 아니기 때문이다. 왜냐하면 그의 주변에서 그의 영화를 돕는 사람들 중에 그런 한계를 넘는 경험을 해본 사람이 적기 때문이다. 그래서 그들은 끊임없이 한계를 설정하고 위험하다, 불안하다, 조심해라, 해도 안 된다, 하며 자신들이 만든 한계에 자신을 가두고 스스로가 옳다고 생각한다. 이들은 그 한계만 설정하지 않으면 한계가 없다는 것을 모른다. 오히려 한계를 설정하는 것이 세상의 이치를 아는 것이라 생각한다.

나 역시 직원들과 새 목표를 세우거나 새 프로젝트를 진행하면서 이렇게 부정적인 생각들과 싸우느라 먼저 지쳐버리기 일쑤였다. 매장 10개 가진 회사가 매장 300개를 꿈꾸면 누군가는 비웃고 누군가는 흥분한다. 매장 300개를 보고도 매장 3000개를 말하면 누군가는 포기하고 누군가는 가슴이 뛴다. 도시락을 팔아서 대기업이 될 수 있다 말하면 누군가는 돌아서고 누군가는 상장을 생각한다.

나는 한계를 느끼지 않았다. 나는 항상 새로운 계획에 흥분하고 가슴이 뛴다. 그러나 여전히 하나의 한계를 부수고 나아가는 것을 보고도 다음 한계를 믿지 못하는 사람들이 있다. 마치 매일 기적을 보고 매일 가르침을 받았음에도 스승을 버린 제자들 같다. 책방에서 가장 잘 팔리고 오랫동안 팔리는 제품 중에 긍정이라는 타이틀이 있다. 오랫동안 잘 팔리는 제품은 좋은 제품이다. 긍정적인 생각은 우리에게 한계를 정하는 것을 거부한다. 그리고 한계 너머를 상상한다. 우리의 뇌는 우리가 하는 상상이 실제인지 상상인지 구분하지 못한다. 그래서 머릿속에 상상된 생각들은 현실에서 이것을 만들기 위해 주변의 모든 상상들과 일을 한다. 이런 맹랑한 소리에 어떤 이들은 역시 비웃을 것이고, 어떤 이들은 뒤통수를 맞은 듯 놀랄 것이다. 그래서 비웃은 자는 사라지고 놀란 자는 이루는 것이다.

열망의 정도가 성공의 척도다. 따라서 강한 열망은 더욱더 확실한 성취를 약속한다. 나는 여러분들의 열망이 합리적이고 이성적인 것이라면 그것을 이룰 수 있는 간단한 물리적 공식을 알려줄 수 있다. 공식은 다음과 같다.

$$F = K \frac{q_1 q_1}{r^2} = \frac{1}{4\pi\varepsilon} \frac{q_1 q_1}{r^2} = 9 \times 109 \frac{q_1 q_1}{r^2}$$

공식이 너무 어려워서 포기하는 사람을 위해 간단한 문장으로 설명을 하자면 '원하는 것을 소리 내어 하루에 100번씩 100일 동안 내뱉는 것'이다.

「김밥 파는 CEO」 중에서(김승호 지음, 2010)

사람들을 비유로 가르치는 이유는 간단하다. 알아들을 자만 알아듣게 하기 위한 것이다. 한계를 느끼거나, 남한테조차 한계를 제시하는 사람들에게 이보다 더 길게 한계 없음을 설명할 기력이 나도 윌리엄도 사라졌다. 그래도 그 누군가에게는 이 작은 글이 인생을 바꿀 수 있다 믿는다.

닭 키우는 주부에게
배운 경영의 지혜

7

어린 시절 학교 앞에서 팔던 노란 병아리는 쉽게 죽었다. 어차피 죽을병에 걸린 병아리를 파는 것이라는 소문이 있었다. 그러나 취미로 주말농장에서 병아리를 직접 키워보니 터무니없는 오해를 했던 장사꾼에게 미안한 생각이 든다. 처음 병아리를 사올 때는 어린 시절의 기억 때문에 무척 어려울 것으로 짐작했지만, 대부분의 병아리는 온도만 신경 써 관리해주면 대부분 잘 자랐다. 병아리의 경우 거의 40도에 가까워야 성장에 무리가 없는데, 어린 시절 아이들 손에 쥐어준 병아리는 대부분 저체온으로 죽어갔던 것이다.

미국에서는 병아리를 구매할 때 흔히 우편으로 주문한다. 요즘은 인터넷으로 주문하기도 하지만 주로 뒤뜰에서 재미로 몇 마리 키우려는 노인 분들은 카탈로그를 보고 주문한다. 휴스턴에서 2시간 떨어진 카메론이란 작은 시골에는 부화 양계장이 있다. 양계장에서는 해마다 2월부터 각종 병아리를 판매하기 시작한다.

전화를 걸었다. 마치 벼락부자가 중국집에 가서 호기를 부리며 "여기 메뉴 하나씩 다 주시오" 하듯이 "종자대로 열 마리씩 다 보내주세요"라고 했더니 "150종류가 넘는데 괜찮겠어요?" 하고 되묻는다. 화들짝 놀라 열 종류만 주문을 했다. 알고 보니 그 부화장은 연간 수백만 마리를 부화시키는 미국 최대 규모의 전문 양계장 중 하나였던 것이다.

20여일 후에 우체부가 구멍 뚫린 소포 포장을 해서 병아리를 들고 왔다. 살아 있는 생물을 우체부가 들고 다니는 것도 신기했지만, 그런 포장으로 미국 전역 어디든 배송한다는 사실도 신기했다. 병아리는 태어나서 3일간은 물과 음식을 먹지 않아도 체내의 양분으로 살아남을 수 있어서 배송이 가능하다는 사실을 알게 됐다.

양계장에서 알려준 대로 미니히터를 종이 박스에 달아놓고 온도를 37도에 맞게 조절했다. 설탕을 조금 넣어둔 물병과 모이를 넣어두었더니 일주일 만에 박스를 뛰어 넘는 놈들이 나타나고 두 주가 지나자 날개 털이 나오면서 병아리 티를 벗기 시작했다. 2주부터는 온도를 점차 내려주다가 3주부터는 히터를 치워버렸다. 텃밭 가꾸는 친구들이 아이들 애완용으로 서너 마리씩 훔쳐간 걸 제외하고는 모두 살아남아 이놈들을 전부 농장에 미리 준비되어 있던 닭장으로 이사를 시켰다.

그러나 문제는 지금부터였다. 농장 근처의 산짐승들이 자신의 영역 안에 만찬이 준비되어 있다는 사실을 알게 된 것이다. 이미 양치기 강아지 두 마리에게 호동이와 순이라고 이름을 붙여주고 병아리와 같이 키우면서 보호자 노릇을 시켰지만, 개가 미처 자라기도 전에 인근 야생 개들이 닭장을 습격한 것이다. 한두 마리만 잡아먹는 게 아니라 놀이 삼아 20여 마리씩 죽여놓고 도망갔다.

농장 경계 울타리를 더 높게 치면서 야생 개들의 피해는 줄었지만 이번에는 울타리 넘어 살쾡이가 찾아왔다. 두어 달도 안되어 병아리는 열 마리도 남지 않았다. 오기가 난 나는 이번에는 400마리를 주문했다. 그중에 300마리가 또 죽어나갔다. 하루 종일 농장에서 머물 수 없었던 나는 야생 짐승으로부터 닭을 보호하기 위해 갖은 아이디어를 내지 않을 수 없었다. 그리고 이번엔 닭이 잠을 자는 동안 닭장 울타리를 넘은 산짐승이 계사 안으로 들어가지 못하도록 출입구를 처음엔 무릎 높이에서 점차 가슴 높이까지 올렸다.

얼마 지나지 않아 닭들은 점프를 해서 창문을 통해 풀밭을 들락거리도록 훈련이 되어갔다. 덕분에 닭의 피해가 줄기 시작했다. 그 사이에 호동이와 순이가 자라나서 50킬로그램이 넘는 거구를 끌고 닭장 주위를 돌자, 산짐승들과 야생 개들은 그만 포기하고 사라져버렸다. 닭을 제 식구로 생각하는 호동이는 밤이 새도록 작은 소리에도 닭장 주위를 돌며 짖고 다녔다. 그래서 낮에는 닭들이 귀와 코를 쪼아대는 와중에도 모자란 잠을 보충하기 위해 졸고는 했다. 멧돼지나 사슴에겐 비교적 너그러운 호동이와 달리, 암놈 순이는 큰 짐승을 쫓아 낮을 보냈다. 밤낮으로 역할을 나누어 지는, 멋진 닭치기개 한 쌍이었다. 그러나 싸움이 끝난 것은 아니었다. 닭들 중에 한두 마리가 밤사이에 뼈만 남기고 완전히 분해가 되어버리는 이상한 현상이 하루 걸러 발생했다. 닭장 문 앞에서 개가 보초를 서는데 그 앞을 지나올 오소리나 살쾡이도 없었다. 처음엔 호동이나 순이를 의심했다. 하지만 문이 잠긴 닭장 안에서도 그런 일이 발생하자 혐의를 벗었다. 공연히 죽은 닭을 얼굴에 드리 밀며 자백을 강요했던 것이 미안해졌다.

알고 보니 범인은 쥐였다. 그것도 엄지손가락만도 못한 크기의 생쥐였다. 생쥐는 낮이면 물통 밑이나 자루 밑에 땅을 파고 숨어 있다가 밤이 되면 자고 있는 닭의 항문을 물어 뜯어먹었다. 어둠 속에서는 아무것도 못하는 닭들이 아침에 그 상태로 풀밭이나 닭장 안에서 쓰러져 죽은 것이다. 죽은 닭의 남은 몸뚱아리는 더 이상 동료라고 생각하지 않은 다른 닭들이 먹어치워 뼈만 남고 말았던 것이다. 이렇게 닭을 키우면서 자연과 내가 장군과 멍군을 계속해가는 게임이 계속되었다.

나는 신문을 펼쳐 들고 공짜로 고양이를 나눠줄 만한 사람을 찾았다. 급히 이사 간다는 멕시코계 주민으로부터 3주 된 고양이 두 마리를 얻었다. 밤에 놀기 좋아하는 고양이들이 쥐를 찾아다니기 시작하자 죽어나가던 닭도 없어졌다. 나의 멍군을 자연이 받아준 것으로 보였다. 자연이 나에게 이번엔 어떤 장군을 부를지 궁금해 하던 어느 날, 들판에서 놀고 있는 닭 무리들을 보니 이상한 점이 보였다. 그리고 보니 수탉들이 안 보였다. 들개와 오소리와 살쾡이가 닭을 잡아먹으러 오면, 그렇지 않아도 숫자가 적었던 수탉들이 암탉 무리를 보호한답시고 먼저 덤볐다가 다들 죽고 말았던 것이다. 수탉 없는 암탉 무리를 갖게 된 나는, 나처럼 농장에서 닭을 키우는 사람을 찾아 수탉 몇 마리를 더 사와야 했다.

나는 크레이그 리스트를 뒤져 수탉을 팔 만한 농가에 전화를 걸었다. 수탉이나 서너 마리 사려고 작은 농장에서 그녀를 만난 일이 내 농장의 운영 개념과 사상을 모두 바꿔놓으리라고 당시는 전혀 짐작하지 못했다. 이 일은 이후 내 사업 방향과 목적을 변화시키는 데에도 깊은 영향을 주었다.

아만다 포웰은 전직 초등학교 교사다. 내가 농장을 유기농법으로 운영하려 한다는 의도를 알게 되자, 아만다의 입에서 앨버트 하워드 경의 이야기가 흘러나왔는데, 그녀 자신은 I. J. 로데일^{Rodale}의 신봉자임을 설명했다. 그녀에게 농업은 과학이라기보다 철학이었다. 나는 그녀를 따라 그녀의 농장을 둘러보았다. 그녀의 농장은 40에이커의 초지와 3에이커 크기의 채소밭으로 이루어져 있었다. 그곳에는 20여 마리의 소와 한 무리의 염소, 수백 마리의 닭, 그리고 서너 마리의 말이 있있다. 주로 무엇을 생산하느냐는 물음에 아만다는 초지를 키운다고 말했다. 초지를 키워 생활하기엔 규모가 작은 듯해 의아해 했더니, 그녀는 "초지는 곧 고기예요"라고 설명했다. 설명에 따르면 그녀는 초지를 키워 고기로 바꾸는 일을 하는 농부였다. 뭐 그리 복잡한 일이 아니라는 듯 그녀가 말했다.

"우리 농장에서는 가축들이 다 알아서 해요."

아만다가 이해하는 풀은, 그녀가 생산하는 농산물의 기초 토대가 되는 재료다. 그녀가 농장에서 하는 일은 공생이라는 주제를 놓고 모든 식물과 동물이 순환하도록 돕는 것이었다. 아만다는 농장을 몇 개의 구획으로 나누어 울타리를 쳐놓았다. 우선 그녀가 말하는 1번 구역으로 소와 염소를 들여보내 풀을 뜯게 한다. 며칠 후에는 이동 닭장을 이용해 닭을 들여보낸다. 닭은 소똥에 있는 유충과 벌레를 잡아먹고 질소 비료인 닭똥을 뿌려놓는다. 이미 소가 뜯어먹은 풀은 닭들이 먹기 좋게 윗부분이 적당히 잘려 있다. 이런 닭들은 벌레와 풀을 먹으며 진분홍색에 가까운 노른자가 있는 최상품의 달걀을 낳는다. 소와 염소와 닭은 2번 구역으로 이동하고, 1번 구역은 한 달 동안 출입이 금지된다. 그 사이에 초지는 전보다 더 풍성해진다. 이런 생산 과정을 거치면 토지는 전혀 손상을 입지 않으며, 오히려 더욱더 풍성해진다는 이야기다. 그녀는 염소의 작은 발굽이 지나간 자리에 씨앗이 고여서 싹을 틔우는 모습을 가리키며 말했다.

"자연의 모든 것은 무엇 하나 서로 연결되지 않은 것이 없답니다. 농장을 운영하면서 대지, 식물, 동물, 인간을 하나의 커다란 원으로 생각해야 합니다."

이쯤에서 나는 그녀가 버지니아 주의 샐러틴 농부가 운영하는 폴리페이스 농장과 같은 형태의 수많은 미국 내 가족농장 가운데 하나라는 사실을 알게 됐다.

"일반인들이 흔히 알고 있는 유기농 제품이 주는 의미와 비교해 보면 현재 유기농이 갖는 의미가 얼마나 열악한지 아시겠어요? 유기농업은 생산품 자체의 유기농을 말하는 데 그치는 것이 아닙니다. 생산과정 전체가 유기적 관계의 조화를 이루기 위해 사용되어야 하는 겁니다. 비료만 유기물을 쓰고 농약을 사용하지 않는다면 원래 유기농법의 취지와는 사뭇 다른 겁니다. 소비자가 가격에만 관심을 갖는다면 생산자는 생산량에만 관심을 가지겠죠? 그런데 소비자가 상품의 질과 생명의 가치에도 관심을 갖는다면 유기농이야말로 그 것에 대한 가장 현명한 대응방법이지요. 유기농이란 절대로 거대기 업체에 양보할 수 없는 이름입니다만, 우리는 이미 많은 부분을 그들에게 빼앗겼습니다. 당신은 슈퍼마켓에서 유기농 닭고기 중에서도 '풀어놓고 키운 닭', '스트레스 없이 자란 닭' 등의 상표를 보았을 겁니다. '풀어놓고 키운 닭'이라는 표식은 태어나서 6주 동안은 '혹시 모를 무언가의 위협'으로부터 병아리를 보호한다는 명목으로 가두어놓고 키운 후, 2주 정도는 '밖으로 나갈 수 있는 접근권'을 주었다는 명분을 위해 하루에 30분씩 계사로 연결된 작은 쪽문을 열어놓은 것에 불과합니다. 법이 그렇게 돼 있습니다. 실제로는 나가지 못하도록 가둬 키운 후, 8주째 도살한 닭의 고기라는 걸 아세요? 유기농 달걀도 별반 다를 것이 없습니다. 유기농 사료를 먹었을 뿐이지 여전히 좁은 닭장 안에서 집단 사육된 달걀일 뿐이라구요. 유기농 식품점에 가면 즉석요리 제품도 볼 수 있는데, 엄연히 100%

유기농 제품이라고 쓰여 있지요. 그러나 내용과 성분을 보면 절대 유기농이라고 자신할 수 없는 상황입니다. 정부는 이미 거대기업체의 로비에 굴복하고 그 정도면 유기농이라 불러도 된다는 허가를 내준 셈입니다. 그렇게 간다면 아마 우리들은 이미 타락해버린 유기농이란 단어를 버려야 할지 모릅니다. 벌써 우리들 중에 일부는 우리 같은 농장의 형태나 우리가 생산하는 제품에 대해 초유기농이라는 단어를 사용하기 시작했습니다."

아만다가 사용한 초유기농beyond organic이라는 단어는, 나에게 이내 마법의 주문과 같이 들렸다. 그 단어는 내가 농사를 지으려는 목적에 근원적 가치를 부여했다. 노자의 상선약수上善若水와 일맥상통하는 단어이기도 했다. 그녀는 '스스로 그러하게' 회사를 운영하려 애쓰는 나에게 깊은 숙제를 남겼다. 내가 닭을 키우는 이유는 달걀을 생산하기 위해서다. 그러나 아만다의 말을 듣고 나니 달걀을 얻는 것과 자연을 존중하는 것을 병행해보자는 욕구가 강해졌다.

그날 나는 아메리카나종과 골든부프종의 수탉 다섯 마리를 아만다에게 50달러를 주고 사왔다. 농장에 수탉을 풀어놓고 온 뒤부터 나는 일반적으로 농장에서 사용하는 경제 원리를 따르지 않기로 했다. 내가 이런 마음을 굳히게 된 이유는 나 역시 아만다와 마찬가지로 내 농장이 자연 그대로의 화음을 내도록 도와주는 지휘자가 되고 싶었기 때문이다. 나는 파트타임 농부가 아닌 진짜 농부가 되어보고 싶었다. 암놈만 우글거리던 닭들 속에 던져진 수탉들이 제자리를 찾아갔다.

일반적으로 농산물이 나오는 과정 중에 가장 비용이 많이 드는 것이 비료나 사료를 구매하는 비용과 완성된 제품을 포장하고 유통시키는 비용이다. 나는 이 모든 비용을 없애기로 마음먹었다. 이를 위해 아만다에게 배워온 방식을 슬쩍 응용하여 가장 게으른 양계농법을 만들었다. 말은 거창하지만 사실은 재래식으로 우리 할머니들이 쓰던 양계방식이다. 사료를 먹이지 않고 아만다처럼 그냥 풀어놓는 방식이다. 대신 아만다 농장처럼 닭을 이동닭장에 태워 며칠마다 옮겨다 놓을 수는 없었다. 나는 여전히 주중에는 현실 사업을 경영하기 위해 시내로 출근을 해야 했기 때문이다. 우선 시험적으로 닭 200마리당 1300평 정도의 땅으로 나누고 개 두 마리를 넣었다. 그 정도의 초지라면 닭들에겐 충분히 넉넉했다. 산업으로서의 농업에서 가장 두려워하는 돌림병이나 해충도 아만다의 권고대로 그냥 무시하고 약물 방지책을 일절 쓰지 않는 방식을 택하기로 했다. 게으른 내겐 그것도 참 유혹적인 방법이었다.

대부분의 전면적인 재앙은 좁은 공간에서 집단 사육하면서 생기는 일이지만 넉넉한 닭장과 하루 종일 풀밭에서 뛰어노는 닭들에겐 전혀 어울리지 않는 일이라고 위안을 삼았다. 설령 몇 마리가 죽는다 해도 그것은 자연의 검열관이 허약한 개체를 솎아내는 경우이고 나머지 종자들은 더욱더 건강한 상태로 유지된다는 설명도 들었기 때문이다. 몇 달 지나지 않아 하루 100여 개의 달걀이 나왔다. 새벽동이 트자마자 들로 나가 놀던 닭들은 알을 낳을 때가 되면 계사로 돌아와 밀짚둥지 안에 알을 낳는다. 몇몇 암탉들은 각각 스무 개 내

나는 농사에서 유기농법이 있듯이 사업에서도 유기사업을 꿈꾼다. 모든 경영자들이 서로가 서로에게 한쪽만의 이익이 집중된 상태가 아닌, 초유기적 사업관이 퍼져가길 기대해본다.

외의 알을 품고 있다. 이미 여러 어미 닭들이 자기가 스스로 품어오던 병아리를 품에 안고 다닌다. 호동이와 순이도 일곱 마리의 새끼를 낳아 호기심 많은 암탉들이 구경하는 것을 말리지 않는다.

달걀은 푸른색, 갈색, 진갈색, 흰색 등등 골고루고, 크기도 오골계종이 낳는 메추리알처럼 작은 것부터 야구공만한 쌍알까지 여러 가지가 나온다. 닭장 밖의 풀밭은 진초록으로 더없이 싱싱하다. 가끔씩 염소를 들여보내 풀의 크기를 줄여줄 뿐이다. 이제 나는 한 달에 한 번씩 계사로 연결된 1600리터짜리 물통에 물을 채워주는 일과 보름에 한 번씩 호동이와 순이의 먹이통을 채워주는 일만 도와주면 일주일에 수백 개의 달걀을 얻을 수 있게 됐다. 이미 가족과 친구들에게 넉넉히 나누고도 남는다. 애초에 최소한 내 가족이 먹을 것만은 내가 생산해 먹겠다는 목표를 넘어서기 시작한 것이다.

자연과 개가 나를 대신해서 닭 농사를 짓는다. 아만다처럼 농장 대지에 상처를 주지 않고도 훌륭한 유기 생산물을 지극히 저렴한 노동을 통해 얻게 된 것이다.

아만다에게 배운 초유기농법은 내 기존 사업에도 영향을 미쳤다. 나는 내 생존을 위해 사업을 시작했다. 솔직히 사업하는 이유에 대해 고상한 명분을 내세우기엔 내 젊은 인생이 그리 만만치 않았다. 한 가족의 장남으로 늙어가는 부모님과 함께 이민 생활 속에서 정착하는 것조차 버거운 생활이었다. 왠지 미국 이민이라 하면 주머니에 몇백 달러 딸랑 가지고 가서 아메리칸 드림을 이뤄내는 낭만적 이야기를 생각한다. 그러나 실상은 지금 한국에 들어와 있는 동남아 청년들과 다를 것이 아무것도 없었다.

짧은 영어와 터무니없이 모자란 자본, 주류사회가 인정하지 않는 학위, 이방인에 대한 경계와 은근한 멸시에 기가 죽을 수밖에 없는 상황이었다. 전문직 일자리를 구할 수도 없는 상황이니 가족 전체가 몸으로 일을 해서 살아남기 위해 몸부림치는 것이 전부였다. 일요일은 고사하고 제발 크리스마스와 새해라도 오붓이 가족들과 하루를 함께 지내는 것이 소원이었던 시절이다.

그러나 늙은 양친과 자식들을 부양할 힘이 생기고 직원들이 늘어나고 내 사업을 통해 수천 명이 삶을 유지하게 되자, 우리들이 함께 할 명분이 필요하던 차였다. 나는 뒤늦게 내가 사업하는 이유를 찾기 위해 노력했다. 모든 직원들이 다 나처럼 생존을 위해 내 회사에 들어와 있는 것은 아니기 때문이었다. 이 회사에서 일하는 모든 직원들은 그 직원들 숫자만큼이나 각자의 삶의 방향이 다를 것이 분명하다. 누군가에게는 어디 가서 이런 회사를 다닐 수 있을까 싶게 좋은 회사일 수도 있겠지만 누군가에게는 그냥 내가 다닐 수 있는 회사 중 하나일 뿐이고, 누군가에게는 삶의 목표를 이루어보기 위해 열성을 다하지만 누군가에게는 그냥 집에서 가까워 좋은 회사일 수도 있기 때문이다.

나 같은 이민 1세대에겐 이국에서의 생존보다 더 좋은 명분은 없지만 영어가 능숙하고 제대로 교육받은 미국인들이나 이민 2세, 3세에겐 그 같은 명분이 6·25전쟁 당시의 고생스런 이야기를 해대는 노인네와 다를 것이 없기 때문이다.

다행스럽게도 이 문제로 고심하며 여러 회사의 사업 명분을 공부하다 보니 많은 회사가 구성원들이 늘어나면서 뒤늦게 명분을 만들어 함께 기업문화를 가꾸면서 성장하는 경우를 많이 볼 수 있었다. 보통은 오너의 평소 철학이 사업 명분이 되지만 무위에 가까운 내 철학적 관심사를 기업문화로 만들기엔 쉽지 않았다. 철학적인 것도 싫었지만 협동, 정직처럼 있으나 없으나 한 것은 우리를 묶어줄 수 있을 것 같지 않았다. 여러 날, 여러 달을 이 문제로 고심하다가 결국 불현듯 내 마음에 닿은 것이 있었다. 아만다의 초유기농법이 그 답이었다.

결국 우리가 사업을 하는 이유는 나도 너도 함께 잘살고자 하는 원초적 목적이 그 근원이었다. 이를 쉬운 말로 표현하면 '누구에게나 좋은 일이 되는 일'을 하는 것이 사업의 목표가 된다. 이 사업이 우리 회사의 구성원에게도 좋은 일이고, 우리의 고객에게도 좋은 일이고, 우리의 거래처에도 좋은 일이며, 사회에도 좋은 일이라면 그것은 할 만한 일이다. 그러나 이 넷 중에 하나에게라도 좋은 일이 아니라면 그 일은 우리에게도 좋은 일이 아니다. 이 일은 경영진과 사원들 모두에게 좋은 일인가? 그렇다면 급여를 인상하고 복리를 증진시켜 직원들의 고용안정성을 높임으로써 일의 효율성이 늘어나게 되고 수익이 늘 것이다. 결국 경영진과 사원들 모두에게 좋은 일이다.

고객에게 좋은 재료를 사용하며 합리적 가격을 제시하는 것은 좋은 일이다. 거래처에 대금을 결제함에 있어 업계 관행과 상관없이 즉시 지불하여 하청업체의 자금력을 도와주는 것은 좋은 일이다. 사회에 많은 일자리를 창출하는 것은 좋은 일이다. 반대로 시간제 근무자의 임금을 착취하고 질 나쁜 제품을 몰래 사용하며 하청업체를 괴롭혀 원가에 납품을 요구하고 세금을 속인다면, 누군가는 이익을 보지만 다른 쪽은 손해를 보기에 모두에게 좋은 일이 될 수가 없다.

나는 기업이 모두에게 좋은 일을 하면서도 충분히 성장할 수 있다고 믿는다. 우리는 지금까지 그래왔고 앞으로도 그렇게 일할 것이다. 우리는 지난 10년 동안 100여 명의 점주들에게 단 한 건도 소송을 제기당한 적이 없었다. 유사 규모의 경쟁업체가 해마다 쌓여가는 소송에 한숨을 쉬는 것에 비하면 미국 내에서는 지극히 예외적인 상황이다. 회사가 직원들과 소송을 한 적도 없고 분쟁이 심화된 적도 없다. 고객과의 다툼이 소송으로 간 적도 없다. 전국, 전 세계를 상대로 1200여 개의 매장을 가진 회사가 창업 이래 단 한 건도 법적 판단을 받는 일이 없었다는 것은 자랑할 만한 일이다.

앞으로 '누구에게나 좋은 일'이라는 개념은 우리 사업 전반에 영향을 줄 것이다. 유기적으로 서로가 서로에게 도움이 되는 일을 통해 서로 함께 성장하는 것이다. 나는 농사에서 유기농법이 있듯이 사업에서도 유기사업을 꿈꾼다. 모든 경영자들이 서로가 서로에게 한쪽만의 이익이 집중된 상태가 아닌, 초유기적 사업관이 퍼져가길 기대해본다.

오십 대가 되어 비로소 배운 진실들

8

막내 녀석이 아이패드를 들고 오더니 숫자 하나를 보여준다. 27년 2개월 4일 6시간이라는 글자가 또렷이 보인다. 이게 무슨 뜻이냐는 듯 쳐다보자, 아들놈은 남은 인생을 계산해주는 프로그램에서 알려준 아빠의 남은 인생 시간이라고 설명한다. 그렇구나. 내가 앞으로 살아갈 날이 살아온 날보다 적다는 것을 그 잘난 컴퓨터가 알고 있었다. 어쩐지 생명보험료가 터무니없이 오르더라.

내 인생의 반을 훌쩍 지나고 보니 당혹감이 없지 않았으나 나이가 주는 경험을 뒤에 오는 사람에게 전하고 싶은 마음도 생겼다. 어느 곳을 여행하고 나니 앞으로 이곳을 지나갈 다른 사람들에게 이런

저런 참고가 될 만한 일들을 알려주고 싶다는 생각이 드는 것과 같은 이치다. 나는 이런 교훈을 특별히 사십 대에 들어선 후배들을 위해 기록하려 한다. 우리는 흔히 "내가 십 년만 젊었더라면"이라는 소리를 곧잘 한다. 내가 지금보다 십 년만 뒤로 간다면 나는 무엇을 하거나 무엇을 하지 않으려 할 것인가 생각해보았다. 다음은 오십 대가 사십 대에게 주는 교훈이다.

- 자세를 바르게 가져라. 의자 뒤로 엉덩이를 깊게 붙이고 어깨를 곧게 펴라. 바른 자세는 노후를 편안히 한다.
- 여전히 실수를 두려워하지 마라. 실패는 두 가지 이득이 있다. 같은 실수를 하면 안 된다는 것과 다른 방법을 시도할 기회를 갖는 것이다.
- 일찍 자고 일찍 일어나라. 옛날부터 지금까지도 여전히 일찍 일어나는 사람들이 규칙을 만들고 성공을 나눠 갖는다.
- 끊임없이 희망하라. 지금도 힘들고 앞으로도 쉽지 않더라도 지금의 당신이 영원히 이 모양은 아닐 것이라는 믿음만이 당신을 언제나 지켜준다.
- 젊음을 부러워하지 마라. 자기 나이보다 남의 나이를 계속 부러워하는 것은 이미 그 나이를 가져본 사람으로 할 만한 행동이 아니다. 오늘 당신의 모습은 당신이 가진 인생 중에 가장 젊은 날이다.
- 자녀에게 너무 연연하지 마라. 아이가 초등학생 이상이라면 이제 더 이상 우선순위를 아이에게 두지 마라. 배우자 먼저 챙기고 배우자 먼저 살피고 배우자와 놀아라.
- 다른 사람에게는 거짓말을 할지라도 최소한 자신에게는 거짓말을 하지

마라. 운동할 시간이 어디 있어?, 별로 결혼할 생각이 없어, 유전인가
봐, 라는 소리는 집어치워라.

- 착한 사람이 돼라. 말을 너무 많이 하지 말고, 비열한 행동을 당장 그만
두고, 자리를 양보하고, 이성을 존중하고, 음식 앞에서 투덜대지 마라.
그리고 아무 때나 화를 내지 마라. 사십 이후에도 버리지 못한 나쁜 버
릇은 죽을 때까지 가지고 간다.

사실, 나는 이미 십 년 이상 더 살아본 사람의 입장에서 이런 소
소하지만 꼭 필요한 교훈을 얼마든지 생각해낼 수 있다. 어차피 시
간이 다가오면 누구나 이런 교훈의 가치를 깊게 느낄 것이다. 만약
내가 이런 교훈을 십 년 전에 받아들였고 실천했다면 나의 인생은
더욱 견고하고 아름다웠을 것임에 틀림없다. 그러나 인간은 역사를
통해 배우지 않는다는 것을 역사를 통해 알 수 있다.

우리는 우리의 부모를 존중하는 법을 뒤늦게 배운 후 후회하는
일을 선사시대부터 계속해왔다. 요즘 정치인은 철딱서니가 없다고
생각하거나 젊은 것들은 점점 버릇이 없어진다는 소리를 한다. 로마
시대부터 지금까지도 여전히 들리는 이야기다. 역사는 반복되지만
역사를 통해 배우지 않는다는 것도 역시 반복된다는 것을 알 수 있
다. 그래서 인생 선배로서의 이런 교훈을 장황히 적어놓더라도 오십
이 되기 전에는 그리 절절하지 않을 것이다. 오십 지나봐야 그때 그
말 들을걸, 하며 나처럼 잔소리하게 될 것이다. 내 실수를 보고 한
사람이라도 같은 실수를 거듭하지 않기를 바란다.

성공한 사업가들의
8가지 공통점

<u>9</u>

나는 여러 업종에서 여러 유형의 사업가들을 만날 기회가 있었다. 일정 규모로 사업을 키운 분들은 정말 다양한 경영방식을 가지고 있음에도 비슷한 공통점을 지녔다. 그들은 나름대로 다들 어떤 경지에 오른 듯하다. 이들에게 배운 점들을 기록해본다.

1   비난이나 칭찬에 의연하다. 비난을 받는다고 의기소침하지도 않으며 칭찬을 받는다고 흥분하지도 않는다. 언젠가 비난은 사라지고 열성 지지자는 한순간에 가장 반대편 앞에 선다는 것을 알기 때문이다.

2 열심히 하기보다 영리하게 한다. 열심히 하는 사람은 그 일을 좋아하는 사람을 따라오지 못하며, 그 일을 좋아하는 사람은 그 일을 즐기는 사람을 이길 수 없다. 그러나 즐기는 사람조차 영리하게 일하는 사람을 이길 방법은 없다.

3 작은 일엔 세세히 관심을 가지나 큰 사고에는 무심하다. 사실, 큰 사고에 무심한 것은 무심한 척하는 것이다. 이는 뿌리가 흔들리면 줄기와 가지는 기절한다는 것을 본능적으로 알기 때문이다. 그러므로 큰 사고 시에는 항상 무심한 듯 냉정을 유지함으로써 사고를 해결하고, 작은 일은 그 작은 일이 큰 사고로 이어질 수 있기에 세세히 관심을 기울인다.

4 미워해도 좋아한다. 이 말은 리더가 되어본 사람이라야 이해할 수 있다. 성공한 사업가는 미워해도 좋아하는 사람들이나, 싫어해도 좋아하는 취미를 가지고 있다. 그리고 그것을 절대 남에게 알리지 않는다.

5 모르는 것을 알고 있는 척하지 않는다. 장사와 사업은 차이가 있다. 장사란 본인이 모든 업무를 제일 잘 알아서 각 직원들에게 가르쳐주는 경우다. 그러나 직원들이 사장보다 각각의 업무를 더 잘할 때가 되면 진짜 사업이 시작된다. 그 해당 업무를 모른다 해서 부끄러워하지 않으며 그 일을 잘할 사람을 독려하여 각각 회사 내의 전문가로 만들어낸다.

6 작은 돈은 아끼고 큰돈은 아낌없이 쓴다. 대부분의 작은 돈들은 관성에 의해 사용되는 것들이라 절약이 가능하지만, 큰돈의 지

출은 반드시 필요한 일이라는 것을 이해하고 있다.

7   휴일을 즐긴다. 걱정 없이 즐긴다. 밤낮으로 회사에서 일에 몰
     두하는 업무로는 작은 사업은 성공시켜도 큰 사업은 만들 수 없
     음을 잘 알고 있다. 인생은 미래에 보상을 바라고 사는 것이 아
     니라 지금 현재도 내 인생이라는 것을 알기에 휴일을 즐기고 쉴
     줄 안다. 그리고 그것이 결국 더욱 큰 성공을 이룬다는 것을 알
     고 있다.

8   경쟁자를 죽이려 하지 않는다. 경쟁자는 다른 한편으로는 동업
     자다. 경쟁자를 죽이면 다른 경쟁자가 나오기에 경쟁자보다 잘
     하려고 할 뿐, 죽이고 다 가지려는 마음을 버린다.

물론 이런 공통점이 완벽히 모두에게 일치하는 것은 아니다. 그
러나 경영자로서의 삶을 살아가는 사람들은 자신이 완벽하지 않다
는 것을 잘 알고 모든 것을 혼자 하려 하지 않는다. 이 세상에서 가
장 강한 사람은 높은 자리에 있거나 재산이 많은 사람이 아니다. 곁
에서 도와주는 사람이 많은 사람, 쓰러지기를 바라지 않는 사람이
많은 사람, 사람들의 마음을 가장 많이 가진 사람이 가장 강한 사람
이다. 그들이 저 위치에 있는 것이 행운만이 아닌 것은 확실하다.

우리 회사에서 일하는 법

10

기업들은 저마다 고유의 기업문화를 가지고 있다. 나는 우리의 기업
문화를 유지하고 확장하기 위해 행동 지침을 만들었다. 이 지침들은
그동안 사장 노릇을 하며 느낀 필요성들을 오랜 기간에 걸쳐 적어놓
았던 것을 요약한 것이다. 일부는 어디서 듣고 내 말이다 싶어 적은
것도 있으나, 대부분 나 스스로 필요에 의한 것이다. 여덟 가지 항목
은 다음과 같다.

● 회사가 지금 무슨 일을 하는지 알고 있고, 내가 무슨 일을 하는지 회사
　가 알게 한다.

- 먼저 사실을 보고하고 의견을 나중에 말한다.

- 불평을 하려면 대안도 함께 제시한다.

- 어떤 일이든 마감이 있고, 마감을 넘긴 일은 아무리 잘해도 칭찬이 없다.

- 서로 사랑할 필요까지는 없다. 그러나 서로를 존중하고 일에 감정을 담지 말라.

- 모든 일은 시스템을 통하여 진행한다.

- 자신만 알고 있고 자신만 할 수 있는 일을 가지면 항상 그 일만 하거나 도태될 것이다.

- 문제가 있으면 언제나 답도 있다. 답이 없으면 문제를 바꿔라.

- 모든 일의 처음엔 자세하게, 그런 후엔 단순하게.

이 여덟 가지를 하나하나 풀어보면 이유와 명분은 다음과 같다.

먼저 첫 번째인 '회사가 지금 무슨 일을 하는지 알고 있고, 내가 무슨 일을 하는지 회사가 알게 한다'는 우연히 방송 프로그램을 보다가 JYP 엔터테이먼트의 박진영 씨가 아이돌들을 가르치던 장면 도중 잠깐 화면에 비친 내용을 훔쳐온 것이다. 많은 직원들이, 지금 회사가 당면한 가장 중요한 과제를 인지하지 못하는 경우가 많다. 경영진 역시 지금 무슨 일을 주요 업무로 진행하는지에 대해 소통하지 않는다. 이 문구를 잘 받아들이는 직원들은 승진을 하고 이 문구를 잘 이해하는 상사들은 실적을 만든다.

두 번째인 '먼저 사실을 보고하고 의견을 나중에 말한다'는 보고 자체부터 사견이 들어가지 않은 실제 보고를 생활화하기 위한 조치였다. 흔히 보고자는 "안 좋은 일이 생겼습니다", "저쪽에서 싸움을 하자는데요", "아무래도 다른 꿍꿍이가 있는 것 같습니다" 등의 개인 의견을 담은 보고를 한다. 그러나 판단은 상사와 함께해야 한다. 개인 판단이 앞서면 보고는 왜곡되고 왜곡된 보고를 바탕으로 상사는 왜곡된 결정을 내릴 수 있다. 먼저 사실 그대로 상황을 설명한 후에 의견을 말해야 문제를 제대로 파악할 수 있게 된다.

세 번째, '불평을 하려면 대안도 함께 제시한다'는 사내의 불평불만꾼을 원천 봉쇄할 목적으로 만들어졌다. 불평하는 사람들은 불평만 한다. 그렇게 함으로써 자신이 더 똑똑하고 현명하다고 말하는 것이다. 이는 사내 분열만 조장하고 분위기를 침체시키며 심하면 동조자를 만들어낸다. 대안을 제시하지 못하며 불평만 하는 직원은 해고해야 한다.

네 번째, '어떤 일이든지 마감이 있고, 마감을 넘긴 일은 아무리 잘해도 칭찬이 없다'는 두 번, 세 번 강조해도 모자람이 없다. 상사들은 지시를 내리면서 마감 기한을 말하지 않는 실수를 반복하고, 부하는 마감이 코앞에 닥쳐야 일을 하거나 마감을 넘기고도 잘했다는 칭찬을 바란다. 사과도 늦으면 아니한 것만 못하듯이 업무도 마감을 넘기면 아니한 것만도 못하다 생각한다.

다섯 번째, '서로 사랑할 필요까지는 없다. 그러나 서로를 존중하고 일에 감정을 담지 말라.' 이 구절은 인간관계에 대한 현실 한계를 인정하고 업무에 미치는 악영향을 배제키 위한 조치다. 직원들이 서로 아끼고 사랑하면 좋은 일이다. 그러나 사회가 그렇지 않듯이 회사도 마음에 안 드는 사람이나 미워하는 사람이 생기기 마련이고, 그럴 때마다 누군가를 해고할 수는 없는 일이다. 단지 시기나 질투 때문에 업무에서조차 방해하거나 방관한다면 결국 조직 전체를 병들게 하는 일이다. 사랑하지는 못해도 존중은 받을 수 있는 것이 또한 일의 세계다.

여섯 번째, '모든 일은 시스템을 통하여 진행한다.' 서너 명의 작은 조직이라면 이 문장은 필요 없다. 하지만 직원이 열 명만 넘어도 조직은 시스템을 통해서 일해야 한다. 시스템이란 정해진 규칙과 그 규칙을 합리적으로 만들어내고 지키려는 조직의 힘을 말한다. 시스템이 없는 회사는 구성원이 바뀔 때마다 다른 회사가 돼버린다. 매번 새로운 조직문화에 익숙해지도록 하는 데 막대한 시간과 자원을 낭비하게 된다. 창업공신들이 주로 이를 지키지 못하거나 무시함으로써 해고되거나 충성심만 넘치는 무능한 사람으로 낙인찍힌다. 창업공신들이 이를 이해하지 못하면 결국 토사구팽당한다.

일곱 번째, '자신만 알고 있고 자신만 할 수 있는 일을 가지면 항상 그 일만 하거나 도태될 것이다.' 해고되는 것이 무섭거나 자신의 사내 영향력을 확보하려는 욕심이 앞서는 사람들이 이렇게 행동한다. 경영진 입장에서 그런 사람들은 버리긴 아까울지 모르지만 절대 승진을 시킬 수 없다. 후배를 키우지 못하고 동료와 함께 성장하는 법을 모르는 사람은 그 일만 해야 한다. 만약 그 업무가 더 이상 사내에 필요 없어진다면 그는 해고 1순위다.

여덟 번째, '문제가 있으면 언제나 답도 있다. 답이 없으면 문제를 바꿔라.' 가장 답답한 직원은 들은 대로 전하는 사람이다. "저쪽에서 안 하겠다고 합니다", "이건 이 방법밖에 없는데요"라고 말한다면 문제에 대해 해결할 의지가 있는 게 아니라 이 일을 하고 싶지 않다는 의사를 전달하는 것이다. 문제란 풀기 위해 있는 것이고 문제를 해결함에 있어서 문제 자체를 없애는 정도까지의 수많은 해결책을 찾는 문화가 절실히 필요하다. 도전의식이 없는 직원들이 많아지면 회사는 도태되기 마련이다.

아홉 번째, '모든 일의 처음엔 자세하게 그런 후엔 단순하게.' 어느 날 공원 벤치 구석에 앉아 뜨개질을 하는 할머니를 보았다. 한쪽 바구니에 엉킨 실타래가 대나무 두 개 사이를 왔다갔다하더니 목도리로 변하고 있었다. 복잡함이 어떤 과정을 거치니 단순함으로 변하는 모습을 본 것이다. 단순함은 가벼움도 아니고 유치함도 절대 아니었다. 매사 일을 대할 때는 처음에는 정말 자세하게 해야 한다. 그리고 그 일이 가장 단순해질 때까지 정리하라. 그러면 그 디테일을 항상 유지할 수 있게 된다. 디테일은 사업의 힘이요 저력이다. 그러나 디테일은 디테일의 특성상 까다롭고 귀찮으며 복잡하다. 이를 계속 유지한다는 것은 엄청난 스트레스와 비용을 발생시킨다. 그 디테일이 주는 효과를 단순화하여 지속시키는 요령이 필요하다. 목도리를 멀리서 보면 두꺼운 한 장의 천처럼 보인다. 그러나 자세히 들여다보면 그 한코 한코의 복잡함이 정교하게 연결되어 있다. 결국 단순함이란 자세함의 완성이다.

위의 여덟 가지 행동 지침을 유지하기 위한 나름의 세부 행동요령은 다음과 같다.

- 마친 일은 마쳤다고 보고하라. 하루 이상 진행되는 업무는 중간보고를 하라.
- 모임은 소수를 따라 시작하고(예: 오전 10시 1분, 오전 9시 7분, 11시 23분) 회의는 30분을 넘기지 말며 오후 회의는 비상 시에만 실시한다.
- 전화로 할 일을 이메일로 하지 말고, 만나서 할 일을 전화로 하지 말고, 이메일로 할 일을 만나서 하지 마라.
- 정시 퇴근을 존중하고 퇴근한 직원들에게 업무로 연락하지 마라.

이 모든 것이 결국 '우리 모두에게 좋은 일'이 되는 유기적 회사의 바탕을 토대로 만들어진 것이다.

나는 내 생각의
결과다

11

당신에게 미래를 알 수 있는 능력과 미래를 만들 수 있는 능력 중에 하나를 고르라 하면 어떤 것을 고르겠는가? 그런데 이 질문에 대한 답은 이미 정해져 있다. 우리는 미래를 알 수 있는 능력은 없으나 미래를 만들 수 있는 능력은 있기 때문이다. 사람들은 정말 미래를 궁금해 한다. 누구나 미래를 궁금해 한다. 과거를 맞췄다고 미래를 알수 있다는 어떤 근거도 없음에도 우리는 점쟁이 말에 귀를 기울이고 심지어 진지하게 믿기도 한다.

 과거는 우리에게 흔적을 남긴다. 손등, 얼굴 표정, 옷차림, 어깻짓, 걸음걸이 등에 많은 흔적을 남긴다. 점쟁이는 이 정도 정보만 가지고도 많은 것을 알아낼 수 있다. 그러나 미래는 아무도 알 수 없기에 흔적을 따라 유추해볼 뿐이다.

다행인 것은 미래를 알 수 없더라도 우리들은 미래를 만들어낼 수 있다는 점이다. 이것은 생명과 생각을 가진 인간의 고유한 능력이다. 생명을 가진 모든 것은 그 생명이 유지되는 동안 세상의 물리적 흐름을 잠시라도 역류해나갈 힘을 가진다. 생명이 없는 모든 것은 물을 따라 내려가지만 생명을 가진 물고기는 강을 역류해서 올라갈 수 있는 것과 같은 이치다. 그리고 이 생명에 의지를 가진 생각이 지속되면 꾸준히 역류해가며 헤쳐나갈 힘을 얻는다. 생명이 생각을 지니면 자연에 역류하여 미래를 만들어낸다. 그리고 그것은 넓은 의미에서 역시 자연스러운 자연현상 중 하나다.

이처럼 인간은 미래를 알 수 없지만 미래를 만들 수 있는 능력을 지니고 태어났다. 흥미로운 것은, 이를 믿는 사람에게는 그 능력이 주어지지만 이를 믿지 않는 이에게는 안 믿는 그대로를 믿게 한다는 점이다. 사과는 상자 안에 있다. 이를 있다고 믿고 열어보는 자는 사과를 갖게 된다. 없을 거라 생각하는 사람은 열어보는 행위조차 않을 것이기에 그의 생각대로 역시 없다.

부처님께서는 "나는 내 생각의 소산이다"라는 말씀을 남기셨다. **나라는 존재는 그동안 내가 생각해온 결과물이다. 지금 생각을 바꾸면 나도 바뀌고 미래도 바뀐다.**

사람들은 흔히 좋은 몸매를 만들기 위해 다이어트를 한다. 하지만 그 사람의 몸매란 그 사람의 생활습관의 결과물이다. 생활습관이 바뀌면 몸도 바뀐다. 좋은 몸매를 위해서는 다이어트가 아니라 생활 습관을 바꾸면 된다. 올바른 식습관과 올바른 자세만으로도 훨씬 훌륭한 몸매를 가질 수 있다. 그리고 그렇게 습관을 바꿔야만 요요현상 없는 몸매를 지속적으로 유지할 수 있게 된다.

'나'라는 사람도 마찬가지다. 내가 지금 가진 것이나 내가 지금 얻은 모든 것은 모두 내 생각의 결과물이다. 나는 결코 이런 것을 원한 적이 없다 할지 모르지만 그 부정적 생각 역시 생각 그대로다. 생각 자체는 부정과 긍정을 이해 못하기 때문이다. 나는 결코 다시 뚱뚱한 몸으로 돌아가지 않겠다며 덩치 큰 여자 몸에 자기 얼굴을 붙여 핸드폰 초기 화면에 넣어놓은 아가씨가 있다. 이럴 경우 생각은 그 자체가 부정과 긍정을 구분하지 못하기에 의도와는 달리 사진처럼 되어버릴 가능성이 크다. 긍정적인 태도가 삶에 좋은 영향을 미친다는 것은 바로 그런 이유 때문이다.

지금 당신이 앉은 자리에서 주변을 둘러보라. 당신이 집안에 있다면 책상, 의자, 이불, 컴퓨터, 커피 잔 하나까지 모두 누군가의 상상에 의해 탄생한 것이다. 창문을 열어보라. 펼쳐진 건물, 도로, 자동차…이 모든 것이 누군가의 상상에서 시작했다. 당신은 지금 다른 사람들의 상상에서 살고 있다. 왜냐하면 그들은 당신보다 먼저 그것을 상상했기 때문이다. 그들은 물건뿐 아니라 도덕, 윤리적 제약, 사회적 규칙, 법률, 관념, 견해, 정치적 아젠다까지 미리 다 상상해서 당신을 가두어놓았다. 그렇게 할 수 있었던 이유는, 당신은 그런 것을 한번도 상상하지 않았고 누군가는 미리부터 그걸 상상했기 때문이다. 그들은 생각이라는 도구를 사용해 상상력을 현실로 만드는 능력을 미리 터득한 것이다. 이를 이용해 경제적으로, 정치적으로 생각하지 못하고 상상하지 못하는 많은 사람들을 다스리고 이용한다. 그들은 그들의 미래를 스스로 만들어내고 있는 것이다. 이들의 생각이 집요하고 강해질수록 상대는 무력해지고, 생각을 하거나 상상할 여유조차 갖지 못하고 그들의 상상 속의 부속물로 인생을 마감하게 된다.

벗어날 길은 단 하나다. 스스로 생각하는 능력을 습득해야 한다. 신문기사만 보고 나서 '그렇구나', 하면 안 된다. 이 세상 글로 쓰인 모든 것은 의도와 목적을 가지고 있다. 이를 알아내는 것은 본인이 스스로 생각해내야 한다. 아무리 저명한 저자의 책을 접하더라도 그 권위에 굴복하지 말고 가려서 받고, 그 말을 삼킬 줄 알아야 한다. 어느 선생에게 배우면 배울수록 그 선생에게 의지하게 된다면 그는 올바른 선생이 아니다. 진정한 선생이란 제자 스스로 일어서서 걸어나가게 가르치는 사람이다.

다수가 가는 길이 옳은 길이라는 편견도 버려야 한다. 독재정권은 그런 힘에 기대어 생겨났기 때문이다. 종교는 특히 더 위험하다. 요즘의 많은 종교는 스스로 생각하는 것 자체를 파괴하는 쪽으로 신도들을 몰아가고 있다. 자유의지를 존중하지 않는다면, 어떤 종교도 종교로서 가치가 없다. 내게 자유의지가 보장되지 않는다면 나는 한 인격체가 아니라 물체이기 때문이다. 나를 물체로 대하는 신을 존중할 이유가 있겠는가? 신이 인간을 사랑한다면 절대 그럴 리가 없으니 그런 가르침을 주는 종교 지도자는 다분히 의심해야 한다. 무조건 믿기를 요구하고 의심을 거부하는 모든 종교적 가르침은 이미 종교가 아니다.

나는 나 스스로다.
나는 내 생각의 결과물이다.
나는 내 생각대로 살 수 있다.
나는 내 생각대로 미래를 만들 수 있다.
왜냐하면, 나는 이 글을 읽고 이 글에 동의할 것인가 아닌가를 스스로 생각할 자유의지가 있기 때문이다.

남들이 불가능하다
여기는 일

12

사람들은 누구나 마음속에 숨겨둔 꿈을 하나씩 가지고 있다. 그 꿈
이라는 것이 겨우 흔적만 남은 사람도 있고 밤마다 가슴을 뜨겁게
달궈놓아 잠 못 이루게 하는 것일 수도 있다. 우리는 이 꿈들을 입지
도 않으면서 버리지 못하는 옷처럼 마음 한쪽 구석에 숨겨두고 살아
간다. 어떤 이는 이 꿈을 이루기 위해 노력하기엔 현실이 너무 매몰
차다는 이유로 구석으로 미뤄놓았다. 또 어떤 이는 그냥 주춤거리고
망설이다가 때를 놓친 것으로 생각한다. 어떤 이는 몇 번 해봐도 안
되니 지레 포기했다. 그럼에도 그 꿈은 가슴속 깊은 곳에서 나 자신
이 언젠가 불러줄 것을 기대하며 자리를 지키고 있다. 말라가는 웅

덩이에 갇힌 미꾸라지처럼 안쓰럽게 버텨보고 있다.

이 세상에서 나를 가장 잘 아는 사람은 결국 자기 자신이다. 그런데 사람들은 "너는 그 일이 안 어울린다", "주제를 알라", "하지 마라. 괜히 사고친다", "너는 그런 일을 하기엔 경험이나 능력이 없다" 하며 말린다. 하물며 그렇게 말리는 사람은 그런 일을 해보지도 않은 사람이다. 그들은 나도 아직 만나보지 않은 나의 가능성에 대하여, 나를 키웠다는 이유로, 함께 자랐다는 이유로, 친구라는 이유로, 나를 잘 안다는 이유로 나를 폄하하고 가로막는다.

그러나 잠시만 생각해보자. 이 세상에 크거나 작거나 세상에 흔적을 남기고 성공하고 이루어낸 사람들 중에 단 한 명이라도 자신에 대한 부정적 편견을 듣지 않은 사람이 있을까? 도스토예프스키가 수용소 안에서 손바닥에 써놓은 글들이 책으로 출판되리라 누가 믿었을까? 100년 전 도로도 제대로 없던 시절에 아버지조차 비웃던 꿈을 이룬 포드는 어떤가? 인종차별이 심한 남부에서 흑인 여자로 태어나 미국에서 가장 존경받는 여성이 된 윈프리는 얼마나 많은 반대를 이겨냈을까?

몇 년 전 코미디언 이봉원 씨가 TV 프로그램에 나와 놀림을 당하는 장면을 보았다. 하는 사업마다 망하니 "다음부턴 제발 친구들 의견 좀 들어라", "주변의 의견을 듣고 사업을 하든지 말든지 결정하라"라는 충고들을 주고받는 모습을 보았다.

그때 함께 나온 친구들이 이봉원 씨의 거듭된 실패를 안쓰러워하며 자기들처럼 사업 벌이지 말고 살라는 의미의 충고였던 것으로 기억한다. 그러나 나는 백번 이봉원 씨 편이다. 실패해보지도 않은 사람이 어찌 도전해서 실패해본 사람에게 조언을 할 수 있다는 말인가. 실패하지 않았다 함은 도전해보지 않았다는 뜻이다. 사람은 반복된 9번의 실패를 통해 90%의 사람들이 저지르는 실수를 하나하나 배워 이기는 것이다. 그리고 나머지 한 번의 성공으로 일어선다. 그 자리의 누구도 이봉원 씨만큼 다양한 실패를 경험한 사람은 없었다. 누가 누구에게 조언을 한단 말인가.

이 세상을 살면서 가장 짜릿한 성취감 중에 하나는 남들이 불가능하다고 했던 일을 이루어내는 것이다. 주위의 편견과 주변의 악조건을 견뎌내고 보란 듯이 세상과 맞서서 한번쯤 이겨내보고 싶지 않은가?

우리 손에 든 전화기, 자동차, 컴퓨터, 거대한 비행기, 전기, 전파, 텔레비전, 이 모두는 상상 속에서도 이해하기 힘든 물건들이었으나, 그 누군가가 수많은 저항을 물리치고 하나하나 이루어낸 것들이다.

누가 당신은 사장이 될 수 없다 말하던가?

당신이 저 빌딩을 언젠가 갖겠다고 했을 때, 누가 비웃었는가?

당신이 박사학위를 받아오겠다고 말했을 때, 누가 나이를 상기시켜주던가?

어떤 놈이 당신들은 궁합이 안 좋으니 헤어지라 말하던가?

누가 당신은 다시 걸을 수 없다 말하던가?

그 꿈이, 당신이 보기에 상상조차 못할 큰 꿈이라면, 상상도 못할 노력만 하면 된다. 상상도 못할 노력을 할 자신만 가지면 된다. 당신이 미쳤다는 소리 한번 듣지 않고 살았다면 당신은 한번도 목숨 걸고 도전해본 적이 없다는 뜻이다. 연은 순풍이 길면 떨어진다. 연은 역풍을 따라 올라간다. 당신이 당신 꿈을 이루는 데 역풍이 분다는 것은 더 높게 오를 기회란 것을 알아야 한다. 올해는 당신의 인생에서 남들이 불가능하다 했던 일들을 이루기 위해 몰려오는 역풍을 멋지게 품에 안기 바란다.

Reader's Digest

나는 항상 무엇인가 꼭 갖고 싶거나 이루고 싶으면 먼저 상상을 한다. 내 아내를 그렇게 상상함으로써 얻었고, 미국도 그렇게 상상하고 마음속으로 수없이 되뇐 후에야 들어올 수 있었다. 마음에 드는 사업체가 눈에 보였을 때 그 사업체의 주차장에 출근시간마다 들러 하루에 100번씩 '나는 저 사업체를 살 것'이라고 머릿속으로 말한 후, 4개월이 지나 돈 한 푼 안 들이고 50만 달러짜리 비즈니스를 인수하기도 했고, 같은 방법으로 400만 달러짜리 비즈니스를 성사시키기도 했다. 나는 지금도 내 수첩 안에 내가 이룰 재무적인 목표와 여러 꿈들을 20여 가지 정도 적어 넣고 다닌다. 명함 크기의 종이 한쪽에는 꿈의 종류를 적었고, 다른 한쪽에는 그 목표들을 이미지화한 그림을 넣었다.

「김밥 파는 CEO」 중에서(김승호 지음, 2010)

PART 2

6시를
두 번 만나는
남자

인류 역사가 시작한 이래 자수성가한 인물 중에 늦잠을 자며 성공한 인물이 없고, 부모 덕에 물려받은 권력이나 재물을 늦잠을 자면서까지 유지한 인물이 없다. 독재자나 탐욕스런 기업가들마저 아침 해를 무시하고는 그 삶을 지켜낸 인물이 없다. 해는 이 땅 아래 모든 만물을 일으켜 세우고 번성시킨다. 아침 해가 오를 때 그와 함께 운전하고 그와 함께 운동하고 그와 함께 기지개를 펴는 인간들은 성공의 첫 계단을 밟고 올라서는 것이다. 그러한 인물들이 여태껏 세상을 지배해왔고 성공해왔고 앞으로도 그럴 것이다. 자신은 부지런하다 생각하면서도 무언가 일이 안 풀리고 건강하지 못하다면 아침에 일어나 해를 맞이한 적이 있는지 자문해보아야 한다.

허리를 꼿꼿이 펴고 어깨를 활짝 젖히는 것만으로도 당신의 운명이 바뀐다는 것을 명심하라. 성공은 거대한 삶의 지혜로 단박에 이루어지는 게 아니다. 작지만 좋은 습성들이 모여 그 사람을 성공으로 인도해나가는 것이다.

죽은 후에도 책임감과 자부심을 갖는다면

1

릭은 나를 처음 보자마자 대뜸 시비조로 말을 건넸다.

"이봐요, 젊은 친구. 이 울타리는 도대체 누가 친 거요. 이렇게 울타리를 쳤다가는 3년도 안되어 무너지고 말 거요. 내가 일감을 맡자고 하는 소리는 아니요만, 내가 일을 하면 20년은 끄떡없을 테니 그냥 내가 합시다."

집에서 30여 분 떨어진 인근에 농장대지를 사서 주말이면 신참 농부 노릇을 하던 참이었다. 일감을 자기가 맡아야겠다는 말이 아니었다면 이 동네에만 있는 요상한 울타리 치는 방법을 지키지 않아서 한판 붙으러 온 토박이 깡패라도 되는 줄 알았을 것이다.

릭은 60이 넘은 백인으로 대대로 농사를 지어왔다. 그러나 이제는 더 이상 농사를 짓지 않고 20여 년 전부터 울타리 공사를 하러 다닌다. 장비라고는 작은 트랙터에 달린 12인치 도래송곳과 손에 든 망치가 전부다. 이 동네 토박이인 그는 그의 아버지 성과 같은 길인 호삭Hosak 로路에 살고 있다. 나는 그때까지 그가 이 동네의 모든 울타리 공사를 독점하다시피 하고 있다는 사실을 몰랐다. 게다가 그까짓 말뚝 박고 나서 철망으로 두르는 일에 재주가 있다면 얼마나 있는 것인지도 알 수 없었다. 그러나 울타리 작업은 정말 아무나 할 수 있는 일이 아니었다. 내 농장의 정문 쪽은 길이가 1697피트(517미터)나 되었는데 이틀간 일을 했어도 100피트도 나가지 못했다. 겨우 이틀 만에 지친 나는 무언가 다른 바쁜 일이 없나, 하며 울타리 공사일을 미룰 핑계거리를 찾던 중이었다.

"내가 아는 친구가 와서 해놓은 건데, 뭘 잘못했나요?"

화내듯 퍼붓는 그의 일거리 요청에 기가 죽어 차마 내가 했다는 말을 못하고 친구 핑계를 대고 있었다. "젊은 친구. 여기 와서 보슈." 그는 나를 끌고 울타리 한쪽 끝으로 데려가 손끝으로 가리켰다. 사실 나는 그가 아무 말을 하지 않아도 내가 무엇을 잘못했는지 대충은 알고 있었다. 그는 다시 방향을 바꿔 자기가 만든 이웃 농장 울타리를 가리켰다. 그가 쳐놓은 울타리는 목책 두께에 맞추어 단 1센티미터도 어긋남이 없이 나란히 수백 미터가 이어져 있는 반면, 내 울타리는 목책 세 개도 나란히 한 줄로 서 있는 것이 없었다.

"그것뿐만이 아니오. 이 나무는 삼나무를 빗물에 썩지 않게 화학

84

처리를 한 것인데 윗부분의 키를 맞추려고 요렇게 체인 톱으로 싹둑 잘라놓으면 그 안으로 빗물이 들어가 2년 안에 속에서부터 다 썩어 들어가 건들기만 하면 부서져버린다오."

그는 잘려나간 삼나무 울타리를 손가락으로 톡톡톡 치면서 말을 이었다. "게다가 나무의 윗부분을 바닥으로 거꾸로 박아놓으면 더 쉽게 기울어져 버린다오. 그리고 철망을 이것보다 더 단단히 잡아당겨야 짐승들이 등을 비벼도 울타리가 넘어가지 않거나 울지 않게 되는 것이라오. 그리고 듣자 하니 당신은 염소를 키우고 싶어 한다는데 이 철망은 아래 부분의 간격이 너무 넓어요. 염소가 울타리 건너편 풀이라도 탐내는 날이면 철조망에 뿔이 끼게 되어 염소가 죽거나 울타리가 죽거나 하는 일이 벌어질 거요. 하도 만든 모습이 딱해서 내가 하겠다고 하는 것이지 일감이 탐나서 하는 소리가 아니니 그냥 내가 합시다."

그는 나의 대답도 듣기 전에 차로 돌아가 계산기를 두드리더니 "이런 종류의 울타리라면 1피트에 3달러 25센트만 받겠소. 요즘 철근 값이 하루하루 오르니 더 늦으면 그 가격은 어림도 없소" 하며 팔짱을 끼고 자동차에 기대고 서서 언제부터 시작하면 되겠느냐는 표정을 짓는다. 내게는 이미 결정권도 없었다. 비록 내가 일을 하면 반값에 가능하겠지만 3년마다 이 짓을 하느니 릭을 믿어보는 것이 나을 것이라 생각됐다. 그리고 그만하면 그 말뚝 박는 힘든 일을 그만둘 핑계도 근사했다.

"당장 해줄 수는 있나요?" 이미 처지가 바뀐 나는 애원조로 물었다. "이번 주는 힘들고 다음 주 목요일까지는 끝내놓으리라."

일주일은 족히 걸릴 일인데, 화요일이 되어도 릭이 나타나지 않자 목요일 끝내겠다고 했던 건지 시작하겠다고 한 건지 헷갈리기 시작했다. 그러나 수요일 아침이 되자 릭은 입에 욕을 달고 다니는 흑인 조수 어페니를 데리고 나타났다. 먼저 정문이 될 자리에 양쪽으로 12인치 두께의 우람한 목책을 양쪽으로 파서 묻었다. 그러고 난 후에 6피트 간격으로 같은 크기의 목책을 연달아 두 개 더 박고 각각 양쪽으로 세 개씩 박아놓은 목책을 굵은 철사를 이용해 대각선으로 여러 번 감아서 단단히 말아버린다. 마디마디에 힘이 들어가는 부분은 어페니의 걸쭉한 욕설로 기름칠을 했다. 릭은 장비를 몽땅 트랙터에 싣고서 울타리 끝으로 몰고 갔다. 트랙터에 앉을 자리를 얻지 못한 어페니는 걸음마다 욕을 하며 쫓아갔다. 울타리 끝에도 같은 방식으로 목책을 박더니 내게는 먹어보라는 소리도 없이 아이스박스에서 콜라를 하나 꺼내 단숨에 마셔버린다. 어페니도 자기 가방에서 식은 맥주를 꺼내 먹었다.

양쪽 기둥이 완성되자, 두 기둥을 연결하는 외줄 가시철망을 연결했다. 트랙터를 이용해 가시철망을 잡아당기자 나란히 이어진 경계선이 나타났다. 릭은 선을 따라서 트랙터에 달린 도래송곳으로 목책이 들어설 구멍을 파기 시작했다. 어페니는 파놓은 구멍마다 욕을 한 바가지 넣은 후에 목책을 넣었다. 해머로 단단히 땅을 다지며 목책 기둥을 곳곳이 세웠다. 욕을 듬뿍 먹은 목책 기둥은 기초훈련을 마친 군인들처럼 단단히 군기가 들어 한 치의 오차도 없이 나란히

5년이 지난 지금도 릭이 세운 모든 울타리는 언제나 꼿꼿하고 반듯하다. 릭의 울타리는 시간이 지날수록 그 가치가 돋보였다. 결국 나는, 내 농장의 울타리는 나의 울타리가 아니라 릭의 울타리라는 것을 인정할 수밖에 없었다.

한 줄로 이어져 갔다. 해가 넘어갈 무렵이 되자 릭의 여섯 개 콜라가 다 없어졌고, 어페니의 열두 개 맥주 캔이 다 비워졌다. 릭의 얼굴은 땀으로 범벅이고 어페니의 걸음은 비틀거렸지만 170개의 목책이 철망 옷을 입고 한 줄로 석양의 그림자를 등지고 서 있는 모습을 바라볼 수 있었다. 나로서는 한 달도 넘게 걸릴 일을 이 둘은 하루 만에 끝내놓은 것이다. 그것도 맥주까지 마셔가며 비틀거리면서도….

울타리로 경계를 만들고 났더니 농장은 위엄을 갖추고 영역을 갖게 됐다. 이제야말로 이 땅 안에 들어오려면 누구든지 나에게 허락을 받아야 한다는 생각에 우쭐한 느낌마저 들었다. 그러나 내가 키우는 그레이트피레니츠종의 수캐는 생각이 달랐다. 몇 킬로미터 밖에서부터 풍겨오는 암캐 냄새를 쫓아 나서려고 마음먹은 개는 13만 평의 땅도 모자랐나 보다. 번번이 울타리 밑을 파내고 하루이틀씩 나갔다 오기를 반복했다. 나는 녀석이 닭과 염소를 지키는 업무태만을 계속 지켜볼 수가 없어 불도저를 이용해 울타리 밑의 흙더미를 끌어올려 바닥을 촘촘히 막기 시작했다. 그러나 무면허 불도저 경력 2개월짜리가 울타리 밑의 흙을 북돋아가며 똑바로 운전해나가기란 그리 쉽지 않았다. 그만 두어 군데를 훑치는 바람에 울타리가 터져버리고 말았다. 이리저리 철사를 이어서 고쳐보았지만 여전히 보기 싫고 엉성했다. 혼자서 애를 쓰는 모습을 멀리서 릭이 지나가다 보았는지 부리나케 달려왔다. 자신이 만든 울타리 한 귀퉁이가 엉망이 된 꼴을 보게 된 것이다. 그가 차를 세우고 버럭 화를 내기 시작한 것은 그 이유 때문이었다.

"어이, 젊은 친구! 앞으로 내 울타리를 그냥 안 두면 나도 가만 안 있을 거요."

릭은 분명히 내 울타리를 가리키며 자기 울타리라고 말했다. 처음엔 자신이 정성을 들여 만들어놓은 것이 흉해지는 것을 안쓰러워하는 소리인 줄 알았는데, 안색을 보니 그게 아니었다. 마치 내가 당장 그만두지 않으면 자신이 해놓은 울타리를 걷어내고 돈이라도 돌려줄 심산처럼 보였다. 그 기세에 눌려 나는 불도저를 돌려 세워놓았다. 내가 한 걸음 물러서자 머쓱했는지 조금은 부드러워진 목소리로 그가 말했다.

"이봐요. 젊은 친구! 이 땅이 당신 땅이고 이 울타리는 당신 돈으로 만든 것은 맞지만 울타리는 내 거란 말이요. 난 내가 세운 울타리는 언제나 꼿꼿해야 하며 해가 바뀌어도 기울거나 철망이 부서지면 안 되오. 왜냐하면 이건 내가 세운 것이기 때문이오. 내가 죽은 후에도 저 울타리는 당당하게 서 있을 것이오. 당신에게 자세히 이야기하진 않았지만 다른 사람들은 죄다 8피트짜리 목책을 사용해도 나는 여전히 10피트짜리 목책을 사서 당신 키 높이 정도를 파고 난 후에 묻는다오. 철사도 다른 사람들이 사용하는 것보다 2밀리미터가 두꺼운 것을 사용하고 철망 이음 부분도 다른 사람보다 두 배는 더 둘러가며 만든다오. 당신이야 그런 차이를 모르겠지만 이 동네 사람들은 울타리에 아무런 표시가 없어도 내가 만든 울타리를 알아본다오. 당신도 얼마 안 있으면 어떤 울타리가 내가 만든 것인지 50마일

속도로 달리면서도 알아보게 될 거요."

그 말이 사실이라는 것을 알게 되기까지는 시간이 걸렸다. 하지만 그의 말대로 5년이 지난 지금도 릭이 세운 모든 울타리는 언제나 꼿꼿하고 반듯하다. 릭의 울타리는 시간이 지날수록 그 가치가 돋보였다. 결국 나는, 내 농장의 울타리는 나의 울타리가 아니라 릭의 울타리라는 것을 인정할 수밖에 없었다.

평생 사장으로 수많은 사람을 고용해봤지만 자기 일에 대한 책임감과 자부심을 죽은 이후까지도 가지고 가고 싶은 사람은 릭이 처음이었다. 살아 있을 때 나 스스로를 존중하고 죽어서도 남아 있는 사람을 존중할 때라야 이런 삶의 태도가 나온다. 그러니 이런 사람을 존경하지 않는다면 누굴 존경하겠는가?

THOUGHTS·BECOME·THINGS

6시를 두 번 만나는 사람이 세상을 지배한다

2

조카딸에게 애인이 생겼다. 그래서 어떤 남자인지 궁금해 물었다. "책은 좀 보는 거 같니?", "아닌 것 같아 이모부!", "약속시간은 잘 지켜 나오니?", "응. 처음엔 그러더니 요즘은…" 말끝을 흐린다. 마지막으로 하나 더 물었다. "아침에 일찍 일어나는 애냐?", "아닐 걸…" 내겐 딸 같은 조카아이라 단박에 아버지 투로 말했다. "갖다 버려!"

제네럴 모터스 CEO 대니얼 애커슨은 4시 30분에 일어난다. 로버트 아이거 월트디즈니 회장도 4시 30분에 일어난다. 하워드 슐츠 스타벅스 회장도 4시 30분이 기상시간이다. 티모시 팀 쿡 애플 CEO

역시 새벽 4시 30분에 일어난다. 트위터 공동창업자 잭 도시는 5시 30분에 일어난다. 토리버치 사장 토리 버치와 버진그룹 회장 리처드 브랜슨은 5시 45분에 일어난다.

세상은 6시를 두 번 만나는 사람이 지배한다. 하루에는 두 번의 6시가 있다. 아침 6시와 저녁 6시다. 해가 오를 때 일어나지 않는 사람들은 하루가 해 아래 지배에 들어갈 때의 장엄한 기운을 결코 배울 수 없다. 누구든 일단 성공하고자 하고 건강하고자 한다면 아침에 일찍 일어나는 습관을 가져서 해를 맞이하고 해와 함께 하루를 시작해야 한다. 해를 보지 않고 얻은 모든 재물과 성공은 언젠가 어느 날 바람처럼 사그라진다.

인류 역사가 시작한 이래 자수성가한 인물 중에 늦잠을 자며 성공한 인물이 없고, 부모 덕에 물려받은 권력이나 재물을 늦잠을 자면서까지 유지한 인물이 없다. 독재자나 탐욕스런 기업가들마저 아침 해를 무시하고는 그 삶을 지켜낸 인물이 없다. 해는 이 땅 아래 모든 만물을 일으켜 세우고 번성시킨다. 아침 해가 오를 때 그와 함께 운전하고 그와 함께 운동하고 그와 함께 기지개를 펴는 인간들은 성공의 첫 계단을 밟고 올라서는 것이다. 그러한 인물들이 여태껏 세상을 지배해왔고 성공해왔고 앞으로도 그럴 것이다. 자신은 부지런하다 생각하면서도 무언가 일이 안 풀리고 건강하지 못하다면 아침에 일어나 해를 맞이한 적이 있는지 자문해보아야 한다. 해는 생명의 근원이다. 떠오르는 태양을 바라보는 것만으로도 건강해지고 행운을 불러 모을 수 있다.

아버지가 들어오셔도 일어나 앉는 마당에, 햇님이 나오시는데 방바닥에 등짝을 붙이고 있는 남자친구라니…. 하물며 공부도 않고 약속시간도 잘 안 지키는 남자와의 일생은 어떤 삶으로 연결될지 너무나 뻔하다. 딸들은 남자를 구할 때 앞서 물은 세 가지를 명심해야 하고, 아들 가진 부모들은 이 세 가지만 가르치면 할 일 다한 것이다.

"너도 이제부터는 살 좀 빼고 남자친구도 바꿔라!"

말귀를 알아들었는지, 유럽 여행권에 혹했는지, 몇 달 후에 조카 딸은 정말로 열심히 노력해서 살을 몇 킬로그램 빼더니 전처럼 다시 아름다운 숙녀가 되었고 게으른 남친도 갖다 버렸다. 자기들도 한번 안 데려간 유럽을 사촌누나를 데리고 간다는 소릴 들은 둘째 놈이 부러움 반 빈정 반으로 한마디 한다.

"누난 좋겠다~아. 돈 많은 이모부 있어서…."

아내를
맡길 남자

3

아내에겐 자주 어울리는 친한 친구들이 있다. 아내의 친구들은 나를 편하게 오빠라 부른다. 나는 그들에게 기꺼이 친정오빠 역할을 해오고 있다. 그들의 남편은 모두 미국 사람들로 한 명은 엠디앤더슨M. D. Anderson 병원의 유명 의사이자 고위 간부이고, 다른 한 명은 영화감독이다. 아내들 덕분에 우리 남편들도 함께 어울리다 보니 서로 다들 허물없는 사이가 되어버렸다.

어느 날 여섯 명이 어울려 저녁을 함께한 오후, 여자들은 노래도 못하는 남편들을 이끌고 노래방에 들어섰다. 노래방에서 흥이 난 아내는 친구 남편과 짝을 바꿔가며 춤을 추기 시작했다. 춤이라면 젬

병인 나는 아내에게 남편을 빼앗긴 아내 친구와 함께 앉아 둘이 춤추는 모습을 쳐다보다 말했다.

"미키! 너무 보기 좋지?", "응, 너무 보기 좋다. 둘 다 너무 사랑스러워…."

그날 그 순간 나는 비로소 알게 되었다. 내가 이만하면 성공했다는 것을 알게 된 것이다. 사업을 키워가고 재산과 수입이 늘어가도 성공의 느낌을 알지 못했다. 내 주변에는 항상 나보다 더 큰 사업체나 사업가들이 얼마든지 있었기에 내 성공의 기준을 알 수가 없다. 통속적으로 명확한 성공의 기준인 재력은, 안도감을 줄지는 몰라도 감동은 주지 못한다.

누군가가 나를 부러워할 수는 있어도 그에게서 내가 존경을 받을 수는 없다. 그러나 이런 격의 없는 우정 관계는 안도와 감동, 부러움과 존경도 다 얻을 수 있음을 알게 됐다. 누가 밥값을 낼 것인지 눈치 보는 관계가 아니라, 내가 이번엔 밥값을 낼 수 있을까 걱정해야 한다.

가끔은 한 남편이 여자들 셋을 데리고 데이트를 나가기도 한다. 출장 가는 길에 와이프들을 빌려 달라 해서 몽땅 데리고 비행기를 타기도 한다. 일요일 오전엔 느닷없이 새벽부터 쳐들어가 잠자는 사람을 깨워 아침밥을 내놓으라는 장난도 주고받는다. 주말엔 한 집으로 몰려가 내가 노자 철학을 설명하려 애를 쓰는 동안, 친구들은 마이클 폴란이나 리처드 도킨스에 대해 설명해준다. 그도 저도 지루해지면 그냥 실없는 농담이나 한다. 그 사이 한쪽에서는 아내들이 빈

포도주 병들을 모으며 깔깔댄다.

우리들은 가족 친구다. 친구와 그 배우자, 그리고 아이들까지 모두 함께 가족처럼 지낸다. 이 친구들의 명함에 무엇이라 써져 있는지 본 적이 없다.

게리에게 수술을 받기 위해 미국 내 저명인사들이 줄지어 기다린다는 소식이나 윌리엄이 새 영화를 찍으면서 만나는 배우들의 이름이 잘 알려진 사람들이라는 것은 안다. 하지만 이들의 사회적 지위가 존경을 받더라도 일단 우리 안에 들어오면, 이들은 빵을 사다주는 배달꾼이거나 커피를 끓여내는 바리스타가 된다.

나와 함께 웃을 수 있는 사람들이 내 주위에 항상 함께한다는 것을 느낄 때 삶에서의 성공을 실감한다. 무슨 일이 생기면 그들이 나를 보호할 것이며 나 역시 그들을 보호하리라는 사실을 알 때 성공을 실감한다. 세상에서 존중받는 사람들이 나를 존중해줄 때 짜릿한 성공을 실감한다.

언젠가 변호사가, 만약 내게 불의의 사고가 나면 내 재산을 유언에 따라 관리할 관리인을 지정할 필요가 있다는 소리를 들었다. 사후에 내 아내와 아이들을 책임쳐줄 사람이라는 뜻이기도 하다. 게리가 먼저 생각났다. 게리에게 법정 유산관리자가 되어달라 부탁해야겠다, 생각하고 기회를 엿보던 어느 날, 게리가 내게 할 말이 있다며 다가왔다. 그 역시 자기가 사고를 당하게 되면 그의 아내와 자식을 부탁한다며 나에게 법정 유산관리자를 맡아달라는 부탁을 해왔다. 누구든지 먼저 죽으면 서로가 서로에게 아내와 자식을 맡기는 사람이 되어버린 것이다. 서로 이기고 싶지 않은(?) 내기가 시작된 것이다.

다시 노래방이다. 키가 큰 게리는 내 아내와 마주보며 춤을 추기 위해 엉덩이를 한껏 뒤로 빼고 있다. 나는 게리의 아내와 팔짱을 끼고 앉아 깔깔대고 있다. 나는 성공한 것인가? 나는 성공했다고 생각한다. 당신은 어떤가?

변형과 왜곡을 위한 공부, 역사와 지리

4

신주쿠 빌딩숲에서 길을 잃었는데 다행히 사거리 모퉁이에 지도가 있다. 호텔이 이 부근인데 알 수가 없던 차에 지도를 보니 반갑다. 하지만 지도에는 현재 위치가 표기되어 있지 않다. 짐작대로 그냥 걷다 보니 지도 안내판이 또 보인다. 이번엔 현 위치가 표시되어 있으나 지도의 북쪽이 어느 방향인지 알 수가 없다. 일본어로 되어 있었기 때문이다.

일본어를 모르는 외국인에게 신주쿠의 지도는 도움이 되지 못했다. 죽어버린 스마트폰 배터리를 욕하다가 결국 물어물어 찾아왔다. 지도를 보고 내가 갈 방향을 찾아내려면 현재 위치와 동서남북을 알아야 한다. 이 두 가지 좌표가 없으면 우리는 길을 찾아갈 수가 없다. 약속을 할 때면 몇 시, 어디서라는 시간과 공간이 있어야 한다. 두 가지 좌표가 없다면 우리는 영영 기다리거나 헤매게 마련이다.

사장 일을 하다 보면 점점 공부해야 될 것이 늘어난다. 회계학, 금융학, 경제학, 인문 교양, 법률, 환율, 노사·노무, 부동산, 심리학 등 끝이 없다. 그런데 이런 공부가 실제 사업이나 삶에 사용되기 위해서는 두 가지 좌표가 필요하다. 그 두 가지 좌표는 바로 역사와 지리다. 역사와 지리를 배우지 않은 상태에서 공부를 하다 보면 배우는 모든 것이 기초공사 없이 지은 빌딩 같다. 역사와 지리를 공부하지 않은 상태로 『성경』을 읽으면 근본주의자로 빠지게되고 역사와 지리 지식 없이 신문을 보면 편집자의 의도가 보이지않는다. 전혀 상관없어 보이는 회계나 환율, 수학, 통계 등도 역사와 지리 지식 없이 공부하면 수치 이외엔 아무것도 배울 수 없다. 시대와 장소에 따라 논점이 변한다는 사실을 알 수 없기에 이해하기가 쉽지 않다.

미국에 지진만 났다 하면 괜찮은지 묻는 전화가 한국에서 걸려온다. 휴스턴에서 샌프란시스코의 거리가 부산에서 홍콩보다 멀다는것을 모르기 때문이다. 에볼라가 발생한 기니와 라이베리아는 서아프리카 지역이다. 대륙의 어느 부분이라는 것을 모르거나 아프리카대륙이 얼마나 커다란지 모르는 상황에서 아프리카 사람들은 다들감염 위험에 빠진 듯 착각한다. 그래서 남아프리카공화국 국민이나

에티오피아, 모로코 국민들도 아프리카 출신이라는 이유로 환영받지 못한다. 사실 기니에서 남아프리카공화국의 케이프타운은 미국의 마이애미만큼이나 떨어져 있다. 방사능 사고가 난 일본의 후쿠시마에서 일본 남쪽 구마모토보다 부산이나 소련의 블라디보스토크가 더 가깝다. 이런 지리적 상식만 알아도 합리적이고 상식적 판단을 하는 데 많은 도움이 된다.

지리 공부가 공간이라면 역사 공부는 시간이다. 조선 역사에서 임진왜란이나 인조반정은 아주 오래된 일처럼 느껴지지만 사실 그보다 100년 전에 콜럼버스는 미국 대륙으로 넘어갔고 예수가 태어날 무렵 주몽은 고구려를 건국한다. 현실로 아직도 남아 있는 만리장성은 신화처럼 여겨지는 예수 활동시기보다 200년을 앞선다. 우리가 흔히 고대라는 표현을 쓰는 고대 아스텍 문명의 시작은 옥스퍼드 대학교보다 100년 늦게 시작했고 세종대왕이 훈민정음을 발표한 이후 100년 넘어서 멸망했다. 공자, 노자, 석가모니, 소크라테스는 역사적으로 거의 동시대 사람이었고 막내 뻘인 소크라테스 사후 400년이 지나 예수는 태어난다. 전문적인 역사 공부가 아니더라도 세계사 연표만 조금씩 이해하고 있다면 우리의 사고나 판단은 놀랍도록 달라진다.

어려서 부록처럼 받았던 『사회과 부도』라는 책이 있었다. 온갖 지도나 역사 속 진행이 각종 도표를 중심으로 그려진 책이다. 이 책은 현실 교육에서 교과서 대접을 받지 못한다. 그러나 사업가라면 가장 가까이해야 할 책 가운데 하나다. 역사와 지리를 공부하지 않고서는 절대로 냉철한 현실 판단을 할 수 없다. 일반적 판단을 따르는 사람은 사업에서 결코 앞서나가지 못한다. 변형과 왜곡이 생길 때, 그 변형과 왜곡을 알아내고 이를 바로잡아 가는 과정 중에 가치가 일어나고 사업이 형성된다.

약속시간 변경은
늦는 것과 다름없다

5
—

'아들에게 주는 26가지 교훈'이라는 짧은 글을 써서 제법 유명해진 적이 있었다. 그 글의 처음은 '약속시간 늦는 사람과는 사업을 하지 마라'하는 구절로 시작한다. 약속시간에 번번이 늦는 동업자들에게 두어 번 실망하고 나서 얻은 교훈이었다. 그 이후로 내 글처럼 나도 시간약속에 항상 충실하며 살아왔고 수백만 달러짜리 사업약속이나 미용사와의 약속도 항상 같은 비중으로 존중해 왔다.

내 사업 파트너나 직원, 그리고 친구들에 대한 이러한 평가 기준은 지금도 여전히 내게 유용하고 가치 있다. 별 이유도 없이 소소하게 늦는 사람에게는 더 이상 기대하지 않는다. 반면 정확한 시간에 항상 나타나는 사람에게는 여전히 후한 평가를 내리며 그 또한 기대를 저버리지 않는다. 재미있는 것은 실제 시간약속을 잘 지키는 사람이 드문데도 불구하고 많은 사람들이 자신은 시간약속을 잘 지키는 것으로 생각한다는 점이다. 그런 사람들은 두 가지 방식에서 착각을 하고 있다. 예를 들어 3시 약속이라면 3시 5분이나 10분쯤 나타나도 정시에 왔다고 생각한다는 점이다. 그리고 그렇게 조금 늦은 것은 늦은 게 아니라고 생각하는 태도다. 정확히 규정하자면 3시 1분에 나타나도 늦은 것이다.

이런 사람들은 결제 일이 하루 늦어져도 겨우 하루 늦어졌는데 뭐 어때, 하는 태도를 유지한다. 그 누군가에게는 그 하루가 목에 감긴 줄처럼 숨이 막혀 죽을 수도 있다는 사정을 이해하지 못한다. 다른 한 가지는 늦게 오지 않더라도 약속시간을 변경하는 사람이다. "제가 오는 중에 도로가 막혀 그러는데 한 30분 약속을 연기할 수 있을까요?" 또는 "제가 오늘 갑자기 일이 생겨서 그러는데 오후에 뵈면 안 될까요?" 자못 정중하지만 상대는 그 30분 동안 아무것도 할 수 없으며, 다른 약속을 잡을 수도 없고 다른 일을 하기에도 어정쩡하다. 그렇다고 30분 늦는다고 미리 연락한 사람에게 다음에 오라고 하기도 야박하다. 30분 늦은 사람은 다행히 미리 말해줬으니 자신은 꽤 시간을 잘 지키는 사람이라고 생각한다. 미리미리 연락을 해줌으로써 상대를 제법 배려할 줄 아는 사람이라는 자부심도 가진다. 이거야말로 어이없는 태도다.

나는 약속시간에 안 나타나는 사람과 늦는 사람, 약속시간을 급히 변경하는 사람에 대해 거의 같은 비중의 신용점수를 준다. 당신이 사업에서 성공하고 싶다면 거듭 권고한다. 약속시간에 늦지 마라. 1분이라도 늦지 마라. 약속을 변경하지 마라. 특히 당일에는 절대 변경하지 마라. 그리고 이 태도를 평생 유지하라. 그 약속은 상사, 거래처, 미용사, 식당, 친구, 가족, 어린아이, 강좌, 공연장, 사교 모임 등 모든 일에 적용하라.

Reader's Digest

새 사업을 인수하고 모든 관리를 맡을 부사장을 인터뷰하기로 6시에 약속했는데, 꼭 필요한 사람이라서 나의 약속 시간에 대한 신념과 상관없이 채용을 할지, 아니면 신념에 따라 시간을 지키지 않으면 돌려보내야 할지 조마조마하면서 기다린 적이 있다. 밀러 씨는 정확히 제시간에 도착했고 창문에 기대 지켜본 걸음걸이도 적당하고 보기 좋아 문 앞에 들어설 때쯤, 난 이미 그에게 지불해야 할 임금을 계산하고 있었다. 내 예상대로 밀러는 나와 함께 일하는 동안 60대 나이에도 불구하고 지각이나 결근 한 번 없이 성실하게 나의 부족한 자리를 채워주었다. 회사는 2년 만에 매출이 세 배로 늘었고 두 개의 자회사를 새로 만들고 추가 매장을 열었다.

— 『자기경영 노트』 중에서(김승호 지음, 2010)

아내에게 "10분 안에 들어갈게"라고 약속했다면 10분 안에 뛰어서라도 들어가라. 남편이 10분 안에 정확히 오는 사람이라면 저녁 상을 제시간에 차려놓을 것이며, 몇 번씩 찌개를 다시 데우느라 고생하지 않게 될 것이다. 시간약속에 충실한 사람이야말로 모든 성공의 지름길로 가는 것이다.

허리를 곧게 하면
운명이 바뀐다

6

명품 매장의 직원들은 매장 안에 들어온 손님이 물건을 구매할 고객인지 단순한 구경꾼인지 판별해내는 기준을 따로 갖고 있다. 수많은 사람들이 호기심에 들어와 가려놓은 가격표를 찾아내려고 기를 쓴다. 이렇게 단순히 호기심 많은 사람들 사이에서 누가 정말 고객이 될지, 어떤 사람에게 조금 더 시선을 주고 신경을 써야 될지를 알아내는 방법은 의외로 간단하다.

인간은 자신의 사회적 위치가 올라가거나 대우를 받는 데 익숙해지면 허리가 펴지고 몸이 천천히 움직인다. 허리를 편다는 것은 내가 조금이라도 더 크게 보이려는 자연스런 행동이다. 몸을 천천히 움직이는 것은 누구라도 나를 위해 기다리게 함으로써 은연중에 위 아래를 결정짓게 하는 무의식적인 행위다. 다른 말로 이 두 가지를 표현하면 기품 있고 우아하다고 한다.

기품 있고 우아하기 위해서는 허리를 곧게 하고 천천히 움직여야 한다. 나는 아내를 따라 쫓아간 백화점의 명품 매장에서 실제 내 생각을 검증해보았다. 제법 차려 입고 나섰어도 매장 사이를 촐랑거리 듯이 이리저리 옮겨 다닐 때는 직원 가운데 아무도 날 쳐다보지 않는다. 구경하다 가겠거니 한다. 하지만 청바지에 티셔츠를 입고도 어깨를 쭉 펴고 조금 천천히 걸으면 여지없이 피지산 생수를 들고 나와 건넨다. 필요한 것이 있으면 언제든지 말하라며 조금 뒤쪽에 서서 불편하지 않을 거리를 둔 채 도울 준비를 하고 있다. 확실히 이 러한 인간의 태도는 복장과 나이나 인종에 상관없이 다른 이의 존중 을 받게 해준다는 걸 알게 됐다. 나의 이런 장난은 이후 청바지용 갈 색 신발 한 켤레를 차마 뿌리칠 수 없게 된 후에 내 이름을 금세 외 워버린 한 판매 직원 탓에 더 이상 이어지지 못했다.

사촌형은 "왜 개새끼가 나만 보면 도망가는 거지?" 하며 투덜거렸 다. 어찌 저놈들은 자기를 처음 보는데도 자기가 개를 싫어한다는 것을 아는지 궁금해 했다. 개가 자기를 개새끼라고 부르는 인간을 구별하는 법은 따로 있다. 개는 인간의 미묘한 몸짓 변화만 보고도 그 사람이 개를 좋아하는 사람인지 개에게 함부로 대하는 사람인지 를 기막히게 알아낸다. 손등의 위치, 어깨의 작은 변화, 발걸음 시의 정강이 움직임 등만으로도 적대적인지 우호적인지를 가려낸다. 다가오는 손이 자신을 잡으려는 건지 어루만져주려는 건지 기가 막히게 알아챈다. 우리는 무언가를 마음먹는 순간 그 모습이 몸에 그대로 표현된다. 따라서 생존이 걸려 있는 개에게 그런 능력은 필수적이었을 것이다. 하지만 그런 능력은 개만 가지고 있는 것이 아니다.

사람 역시 그와 유사한 능력을 가지고 있다. 그래서 내가 허리를 곧게 펴고 어깨를 넓게 한 후에 천천히 행동하면 '이 사람을 존중해야겠구나' 하고 느낀다. 함부로 할 사람이 아니니 조심해야겠다고 생각한다. 누구든지 이 방식을 습득하면 지금 대단치 않은 사람일지라도 누구나 주변에서 대단하게 바라보기 시작하며, 결국 실제로도 대단한 사람이 될 수 있게 된다. 몸의 모습은 태도를 유지하고 태도는 행동을 바꾸고 행동은 운명을 바꾸기 때문이다. 반면 내가 움츠리거나 꾸부정하면 모두 나를 경시하며 누구도 존중하지 않으며 그런 삶에 익숙하다 보면 나 역시 그걸 당연히 받아들이게 된다.

종종거리며 부산스러움을 떤다면 잦은 실수를 유발하여 욕이나 먹는 사람이 된다. 식당에 들어서면 음식물 부스러기를 테이블에 떨어뜨리지 않도록 조심해야 한다. 후다닥 먹어 치우지도 말라. 너무 소리 내어 먹지도 말라. 쩝쩝거리지 말고 후루룩거리지 말라. 그리고 언제나 어느 자세이든 허리를 꼿꼿이 펴고 어깨를 활짝 젖히는 것만으로도 당신의 운명이 바뀐다는 것을 명심하라. 성공은 거대한 삶의 지혜로 단박에 이루어지는 게 아니다. 작지만 좋은 습성들이 모여 그 사람을 성공으로 인도해나가는 것이다. 이 글을 읽었다면 그새 굽어진 허리를 다시 한 번 곧게 펴시길 바란다.

책상서랍과
자동차 트렁크와 지갑

7
─

사장으로 성공하기 위해 항상 정리해 두어야 할 것은 세 가지다.

남자들이 뒷주머니에 넣고 다니는 지갑을 보면 생각보다 두툼하다. 현금을 넣어두어 두툼한 경우도 있지만 사실 열어보면 대부분 어디선가 받은 명함들이다. 여자들 역시 장지갑 양쪽으로 빼곡하게 진열된 각종 카드와 영수증 등으로 알 밴 조기를 한 마리 넣고 다니는 듯하다. 요즘은 뚱뚱한 경영자들이 환영받지 못한다. 왠지 게으를 것 같다는 이미지 때문이다. 지갑도 마찬가지다. 뚱뚱한 지갑은 수많은 정보와 재력을 가진 것처럼 보이지 않고, 오히려 게으르고 정리가 안 된 사람이라는 이미지를 준다.

두툼한 현금 역시 잘나가는 사람이라는 느낌보다 무언가 수상스런 비즈니스를 가지고 있다는 느낌을 준다. 지갑은 한두 개의 카드와 가장 큰 액수의 현금 한두 장, 그리고 자신의 명함이면 그만이다. 그 외에 모든 것은 집으로 돌아오거나 사무실에 들어서면 바로 정리해 비워야 한다. 장담컨대 여러분들 지갑에는 1년 전부터 가지고 다니는, 이름도 잊은 사람의 명함이나 글자도 희미해진 영수증 쪼가리, 이쑤시개, 갑자기 눈 맞을 일을 대비한 콘돔 등등 중에서 하나씩은 가지고 있을 것이다. 언젠가 사용하게 될 것으로 여겨 가지고 다니던 것이 당신 허리를 상하게 한다. 항상 한쪽 허리가 이유 없이 아픈 사람은 뒷주머니 지갑만 가볍게 해도 통증이 사라진다. 뒤틀렸던 엉덩이가 바로 서기 때문이다.

책상서랍 역시 항상 정기적으로 정리를 해야 한다. 어느 서랍에 무엇이 있는지 언제든지 찾기 쉽게 해야 한다. 책상서랍을 정리하지 않는 사람이 컴퓨터 파일이라고 잘 정리해둘 리가 없다.

파일 하나 찾겠다고 온갖 하드드라이드를 다 뒤지고도 모자라 솔개, 딱따구리, 두루미, 따오기까지 뒤져본 경험이 있을 것이다. 반드시 보관해야 될 세무, 법률서류와 몇 년 후 버려도 될 영수증, 그리고 문구류 등은 따로따로 잘 구분하고 정리해놓자. 다 쓴 볼펜이나 형광펜은 아까워 말고 버리자. 배터리는 한 곳에 사이즈별로 잘 모아두어 다시 사는 일이 없도록 해야 한다. 정리된 서랍은 당신이 자산관리를 어떻게 하고 있는지 보여주는 척도다.

마지막으로 정리해야 할 곳은 자동차 트렁크다. 결론부터 말한다면 자동차 트렁크에 항상 들어 있어야 할 것은 간단하다. 사고 시 비상용품과 구두를 대신할 여벌의 운동화뿐이다. 그 외에 모든 것은 차에서 내려놔야 한다. 사람들이 트렁크에 얼마나 많은 것들을, 얼마나 오래 가지고 다니는지 알면 놀랄 정도다. 트렁크는 언제라도 아버지의 원수를 넣어 옮길 수 있도록 항상 텅텅 비워놓아야 한다. 싹 비워진 트렁크는 그가 얼마나 성실한 사람인가를 보여준다.

겉모습이 그 사람을 다 말하는 것은 분명 아니다. 그러나 서랍과 트렁크와 지갑, 이 세 가지는 비움을 가르친다. 비워야 채울 수 있기 때문이다.

비우고 정리하지 못하는 사람은 막상 필요로 하는 것을 얻게 돼도 넣을 수가 없다. 당신의 파트너나 직원이나 사위를 구할 때도 이 세 가지만 확인하면 미래가 좀 더 확실해질 것이다.

사람들이 나를 은근히 싫어하게 만드는 비법

8

이대로만 하면 누구나 다 나를 싫어하게 만들 수 있다. 밥과 술을 사도 고마워하지 않고, 고용을 해도 존중하지 않으며, 매사 은근히 어깃장을 놓는 사람들이 많아지고, 내가 연락하기 전에 연락도 안 오게 하는 방법이다. 이 기술을 잘 사용하면 당신이 중후하게 나이가 들었어도 주례를 부탁하는 사람이 없고 부하직원들은 뒤에서 흉을 본다. 직장이 바뀌면 평생 연락조차 오지 않는다. 그런데 이런 기술들은 생각보다 쉽지 않음에도 상당히 많은 사람들이 본능적으로 잘 배워 습득하고 있다. 마치 문법을 배우지 않았음에도 한국어를 유창하게 구사하는 것과 같다.

복습하는 의미로 이 방법을 자세히 기술하면 이렇다. 남이 말을 할 때는 언제나 가로챈다. 여럿이 말을 할 때 치고 들어가 순식간에 화제를 돌린다. 내 화제로 끌려들어 오면 재빨리 또 화제를 바꾼다. 좀 더 내공이 깊은 사람은 듣는 척하며 건성으로 대답을 하다가 갑자기 화제를 돌리는 기술을 가지고 있다. 교묘한 방법으로는 대화 중에 자기가 자랑할 만한 일이나 발언이 나오면 재빨리 그쪽으로 화제를 돌려 은근히 자화자찬하고 물러난다. 전문용어라도 하나 알고 수치라도 기억하면 한꺼번에 모두 퍼붓는다. 누군가 아프다고 말하면 위로는 나중에 하고 내가 더 아픈 데가 많다고 엄살을 부린다. 부하직원이 실수를 하면 이때다 하고 3년 전 일까지 상기시켜준다. 이 기법을 아내나 남편에게 쓰면 잘하면 이혼도 할 수 있다. 최소한 등짝 정도는 맞을 수 있다.

기회가 생기면 남김없이 공치사를 한다. 누군가에게 선물을 했으면 주변에 그런 선물을 했다고 다 떠벌린다. 당사자에게도 항상 상기시킨다. 특히 아내에게 선물한 것은 항상 처가 식구에게 직접 자랑한다. 남들이 관심 없는 화제를 가지고 두 시간씩 떠들거나 사적인 고민을 계속 이야기한다. 처음 보는 사람에겐 딸이나 손자 사진을 꺼내놓고 최근에 들어간 학교나 그동안 받아온 상장 이야기를 해도 좋다.

"그건 아무것도 아냐"라는 문구와 "내 말 좀 들어봐" 등의 관용구를 3분에 하나씩 쓰면 아주 효과가 좋다. 한번 사용하면 빠르면 며칠, 오래가기는 몇 년 후에도 반응이 꼭 오는 방법으로는 '이간질'

이나 '부풀리기' 기술이 있다. 어차피 그런 놈은 그런 식으로 말할 테니 설령 그놈이 하지 않은 말일지라도 당신이 나서서 이간질했다고 가슴 아파 하면 안 된다. 이간질의 좋은 점은 이간질당한 상대들이 굳이 서로를 확인하는 경우가 드물기에 발각되지도 않는다는 것이다.

여자들이 이야기할 때는 항상 결론을 내주고 당신의 명쾌한 해결 방안이 제대로 진행되는지 확인하라. 윗사람이나 친구에겐 항상 죽는 소리나 우는 소리를 하라. 몇 번만 그러면 아무도 귀찮게 하지 않는다. 내 이야기가 잘 전달됐다고 느낄 때까지 반복해서 같은 이야기를 계속하라. 최소한 같은 이야기를 서너 번은 해야 효과가 있다. 다음에 만날 때 또 한번 하면 더 이상 나무랄 데 없다.

이렇게 남이 나를 싫어하게 만드는 일에는 많은 노력과 공부가 필요하다. 나이 들어서 당신을 찾아와서 귀찮게 하는 사람을 만들고 싶지 않고, 괜히 사업을 키워 자녀들 간에 재산 문제로 분란을 만들고 싶지도 않으면 지금 당장 시작해야 한다. 나이 들어갈수록 말을 줄이고 지갑은 열라는 말 따위는 깡그리 무시해야 겨우 성공할 수 있다. 그런데 당신이 이 긴 말을 다 건성으로 들을까 심히 걱정된다.

신용카드를
만들지 마라

2

금융자본주의 시대를 살아가는 인간은 두 종류다. 하나는 은행에 이자를 주는 사람이고 다른 하나는 은행에서 이자를 받는 사람이다. 그런데 이자를 받는 사람과 주는 사람은 수입의 차이로 나뉘는 것이 아니다. 미래 소득을 사용하는 사람이냐 과거 소득을 사용하는 사람이냐의 차이다. 그것은 자신의 소득 중에서 어느 것을 사용하는지에 따라 정해진다. 이자를 은행에 지불하는 사람들은 미래의 자신의 소득을 사용하고, 이자를 받는 인간들은 과거 소득을 사용한다.

나는 내 아이들이나 조카들에게 신용카드를 만들지 말라고 가르친다. 아이들은 으레 성인이 되자마자 근사하게 자기 이름이 박힌 신용카드를 가지고 싶어 한다. 마치 신용카드가 성인 세계로 들어오는 증서 같은 느낌이 드나보다. 그러나 실상은 그 카드를 만드는 순간, 90% 인간들은 평생 이자를 주며 사는 삶에 줄을 서게 된다. 어딘가에서 무엇을 주워들었는지, 녀석들은 그러면 어떻게 신용점수를 올릴 수 있는지 묻는다. 사실 신용점수란 것은 내가 융자를 받을 때 이외엔 아무짝에도 쓸모없다. 신용점수라는 것은 실제 한 개인의 신용도를 측정하는 것이 아니라 금융권에서 빌린 돈을 얼마나 잘 갚을 사람인가를 평가하는 기준이다. 가장 신용이 높은 사람은 부채보다 자산이 월등하여 빚질 일이 없는 사람이다. 그러나 금융권이 이를 약간 왜곡시켜 융자를 발생시킨 후 잘 갚아나가는 사람에게 가장 높은 점수를 주는 것이 신용점수다.

나는 젊은이들이 현재 특별한 부채가 없음에도 단순히 신용점수를 높이기 위해 신용카드를 만들고 자동차를 융자로 사는 일에 대해 지극히 위험한 일임을 내내 경고해왔다. 인간이 평생 이자를 받으며 살지, 이자를 내며 살지의 갈림길이 거기서부터 나누어지기 때문이다. 나는 개인 신용카드가 없다. 주머니엔 한 겹짜리 얇은 지갑에 개인 직불카드와 법인카드 한 장만 가지고 있다. 법인카드 역시 매달 전액을 완전히 갚도록 지시해놓아 은행에 지불하는 이자가 전혀 없다. 내 신용점수는 은행권에서는 최악이다. 왜냐하면 애초 기록이 없기 때문이다.

현실 세계에서는 가장 신용이 높은 사람임에도 불구하고 은행권에서는 최악의 신용도를 주는 것은, 내가 돈 빌릴 일이 없으니 고객이 아니란 뜻일 것이다. 당연히 그들에겐 최악의 신용도인 셈이다. 만약 내 의견대로 신용을 무시하고 살아간다면 현대 사회에서 어떻게 집을 살 수 있고 자동차를 살 수 있는지 묻고 싶을 것이다. 내 방식은 간단하다.

현금이 생길 때까지 기다려라. 열심히 모아라. 새 차를 살 만큼 돈이 모이지 않았다면 중고차를 타고 다녀라. 집값이 모이지 않았다면 월세를 살고 작은 집에 살아라. 친구나 다른 사업가들이 어떤 집에 어떻게 사는지는 관심 갖지 마라. 어차피 그들은 미래 소득을 당겨다 쓰는 금융의 포로일 뿐이다.

나는 회사 목표를 성취한 직원들에게 BMW를 한 대씩 사주고도 내 개인적인 현금이 없어 몇 년간 찌그러진 트럭을 타고 다녔다. "저 친구, 사업 잘된다더니 아직도 저렇게 궁색 떠네" 하는 소리를 들어도 상관하지 않았다. 22평짜리 방 두 개짜리 작은 사무실에서 20여 명의 직원들이 책상을 나눠 쓰고 어깨를 부딪혀가며 일을 할 때도 함부로 융자받아 사옥을 마련할 생각을 하지 않았다.

현금이 마련된 후에야 3000평 땅에 1000평 사무실로 옮겨 다들 널찍한 책상을 하나씩 가졌다. 집도 항상 현금을 모은 후에 융자 없이 샀고 사용할 수 있는 현금 안에서 살 집을 찾았다. 그 흔한 백화점 카드, 주유소 카드조차 만들지 않았다. 어떤 경우든 이자를 내는 삶의 방식 근처에 아예 발을 딛으려 하지 않았기 때문이다. 이런 과정은 내가 돈을 벌고 사업이 잘되었을 때 일어나는 일이 아니다.

나는 수없이 망해본 사람이다. 그 망해본 과정 중에 내가 잘못하

22평짜리 방 두 개짜리 작은 사무실에서 20여 명의 직원들이 책상을 나눠 쓰고 어깨를 부딪혀가며 일을 할 때도 함부로 융자받아 사옥을 마련할 생각을 하지 않았다. 현금이 마련된 후에야 3000평 땅에 1000평 사무실로 옮겨 다들 널찍한 책상을 하나씩 가졌다.

는 점들을 수정해가며 배운 것이다. 내가 가장 힘들고 부채가 많았을 때 나는 이 행동방식을 결정했고, 모든 부채를 갚는 데 최선을 다한 후에는 절대 뒤로 돌아가지 않았다.

이렇게 이자를 주지 않는 삶을 살겠다고 마음먹은 것은 내가 사업세계에 들어와서 가장 잘한 결정 중에 하나다. 만약 그때에도 이런 삶의 방식을 절실히 습득하지 않았다면 나는 다시 사업을 하면서 이런저런 핑계로 융자를 만들었을 것이고, 사업 규모에 걸맞은 사옥이나 집을 산다며 무리했을 것이다. 나는 채무가 단 1원도 없다. 내가 가진 모든 것은 다 이미 지불한 것들뿐이다. 지금 망해도 누구 하나 내게 달려오거나 전화하지 않을 것이다. 그럼에도 나는 형편없는 신용점수를 가지고 있다. 하지만 은행은 내게 융자를 해주지 못해 안달이고, 오히려 공지에 나온 이자율과 상관없이 은행을 상대로 더 높은 이자율을 흥정해서 받고 있다.

나는 사업가이므로 사업상 레버리지를 이용하는 사업적 융자에까지 이런 논리를 갖다 붙이고 싶지는 않다. 은행은 분명 은행으로서의 순기능이 있고 그 덕분에 사업이 확장하고 성장하는 것을 잘 알고 있다. 그런 이익을 은행과 이자를 통해 나누는 것은 당연하다. 그러나 개인적인 일이나 개인적 소유에 대해서는 절대로 은행이자를 쓸 생각하지 말고 그 가치를 평생 지킬 것을 권고한다.

현대 경제사회는 자신이 아무리 성실하더라도 한순간 변하는 금융구조 틀 안에서 순식간에 모든 것이 사라질 수 있다. 자신과 자신의 재산을 지키고 평생 그 위험에서 벗어날 수 있는 방법은, 모든 개인적 부채를 완전히 소멸시키는 것 외에는 없다. 그 첫 번째 단계가 바로 신용카드를 만들지 않는 것이다.

신용카드를 가질 자격이 있는 사람은 매달 완벽하게 잔고 전액을 지불할 수 있는 능력이나 행동 형태를 지닌 사람뿐이다. 단 한번이라도 3개월, 혹은 6개월 분납으로 뭔가를 지불한 적이 있는 사람들은 절대 카드를 지니면 안 된다. 카드사가 개발한 모든 포인트들은 당신에게 이익을 주기 위한 것이 아니라 낚시에 걸린 물고기처럼 당신을 끌고 가기 위한 미끼일 뿐이다. 일단 거기에 걸려들면 한평생 죽을 때까지 당신을 끌고 다닐 것이다.

신용카드는 당신의 미래 소득을 담보로 주어지는 것이다. 미래는 절대 현재를 보호하지 못한다. 그러나 현재는 당신의 미래를 보호할 수가 있다. 현재로서는 대책이 없으니 수입이 조금 더 늘면 그때 가서 나의 충고를 받아들일 작정이라면 정말 수입이 늘더라도 그런 결심이 생기지 않을 것이 확실하다. 이것은 수입의 규모 문제가 아니기 때문이다. 당장 가위로 신용카드를 자르고 직불카드를 신청해서 사용하라. 도저히 그렇게 할 형편이 안 되는 사람들은 자신의 입에 걸려 있는 낚시 바늘에서 벗어나기 위해 이를 악물고 싸워야 한다. 특별히 사업가들은 이 같은 문제 인식이 없으면 결국 언젠가 다시 가족을 위험에 몰아넣을 것이다. 이제 잠시 책을 덮고 가위를 가져오길 바란다.

생각의 형식화에 대한 거부감

10

나는 기계로 하는 운동을 좋아하지 않는다. 정해진 궤적에 따라 움직이는 기계로 근육을 키우는 운동은 운동의 원래 목적을 상실하고 있다. 운동이란 멋진 근육을 가지기 위한 것이 아니다. 운동은 내 신체의 조직을 가장 최적의 상태로 건강하게 유지하는 것이 목적이다. 근육은 부산물이지 목적이 아니다.

팔굽혀펴기를 하면 내가 실제 생활에서 사용하는 근육이 움직인다. 벌려진 팔의 폭이나 발의 각도에 따라 매번 몸은 각각의 여러 근육과 유기적으로 협조하며 매번 미세한 조정을 유도한다. 모든 신체가 팔 근육을 중심으로 긴장하고 있는 것이다. 그러나 기계로 가슴 운동을 하면 나머지 모든 근육들은 무관할 뿐이다. 팔굽혀펴기와 윗몸일으키기, 쪼그려앉았다 일어나기의 세 가지 동작만으로도 온몸의 근육을 충분히 사용하고 긴장시킬 수 있다. 이 세 가지 운동은 어느 곳에서나 가능하고 큰 장소가 필요치도 않다. 호텔 침대 옆에 수건 하나만 깔아도 충분히 가능하다. 그런데 요즘의 젊은이들은 운동을 하려면 체육관에 가야 하고 체육관에 가면 기계를 이용하거나 아령을 들어야 한다는 생각을 갖고 있다. 그런 이유로 체육관에 회비를 내면서도 가지 못할 핑계가 몇 번 생기고 나면 아예 운동조차 하지 않는다. 이미 운동은 체육관, 체육관은 운동이라는 고정관념이 형식화한 것이다.

"불경기엔 사업이 힘들다"라는 관념도 고정화된 것 중에 하나다. 요즘 몇 해 동안 한국에서 사업 잘된다는 사람을 보지 못했다. 지속되는 불경기에 공포심마저 느끼는 것이 현실이다. 그리고 이런 비율은 생각보다 꽤 높아 열에 아홉은 예년에 비해 사업이 안 된다며 앞으로 나아질 기미도 없다 말한다. 그런데 흥미로운 것은 주위를 둘러보면 극장은 항상 예매가 어려울 정도이고, 주요 상권은 북새통이다. 토요일 오전이면 야외로 놀러 다니는 사람들 때문에 길이 막히며, 공항은 사상 최대 인원이 해외로 빠져나갔다고 말한다.

보통의 경우 불경기란 대공황 시절처럼 세 명당 한 명이 직업이 없어 전전긍긍하던 시절이 아니다. 그런 일은 세기에 한 번 벌어질까 말까다. 대부분 장기적인 불경기라 해봤자 10년 정도의 저성장이나 약간의 후퇴다. 그런데 개인 사업가들이나 중소기업들은 왜 이렇게 짜증나도록 힘이 들까? 그들이 불경기를 불가항력적인 무한한 힘으로 느끼고 저항하지 않기 때문이다. 일본의 세븐일레븐은 불경기에 성장한다. 그들은 호경기는 좋은 것이고 불경기는 더 좋다고 생각한다. 불경기에도 고객들은 여전히 옷을 입고 밥을 먹고 놀러 다닌다.

사람들은 불경기일수록 자신에게 중요한 것에는 아낌없이 돈을 쓰고 나머지 지출은 가능하면 아끼는 '신축적 소비' 패턴을 유지한다. 그래서 오히려 자신을 위로하는 비싼 케이크 한 조각을 식사 가격보다 비싸게 주고 사먹는다. 불경기가 사업하기에 좋지 않다는 생각은 사업의 본질적 성격을 이해하지 못해서 나온 생각이다. 오히려 훌륭한 사업가에게 불경기는 사업하기 좋은 봄날이다. 왜냐하면 많은 경쟁자들이 이미 위축되어 투자할 엄두를 못 낸다. 많은 사업체들은 불경기를 핑계로 서비스를 제한하고 상품의 질을 하락시킨다. 고객들을 그냥 손 놓고 버려두고 있는 것이다.

사람은 평생 공부해야 한다는 말도 가장 오해가 많은 말 가운데 하나다. 사람들은 배움에 대해 관대하다. 배우는 것은 아름다운 덕목 중 하나라고 굳게 믿는 탓이다. 그러나 사실 학자로서 학문을 할 생각이 아니라면 배움질은 그만두어야 한다. 어려서는 태권도, 속셈, 영어 학원을 다니더니 젊어서는 요가, 토익, 포토숍 강좌, 공무원 시험 등의 공부를 하다가 늙어서는 사진, 인문학 강좌, 사교 댄스, 주식투자 강의, 경매기법, 노래교실, 각종 대학의 최고위 과정 등 한도 끝도 없다.

무엇이든 배우면 좋은 것 아니냐는 변호는 그런 배움질을 평생 옆에서 지켜본 부모들이나 배우자, 자녀들에겐 통하지 않는다. 그들은 저렇게 공부가 좋아 밖으로 도는 엄마나 아버지를 절대 존경하지 않는다. 그래서 그들의 삶은 고립되고 불신이 늘어난다. 배움은 결과를 가져와야 한다. 결과 없이 평생 이어지는 강좌나 찾아다니고 자격증이나 수집하는 것, 즉 배움이 삶에서의 목표가 된 사람은 스스로 혼자 무엇인가를 이루거나 남을 이끌 수 없다. 배움은 스스로 독립적으로 생각하고 결과를 만들기 위함이어야 가치를 발휘한다. 평생 남에게 이런저런 교육을 받으면서 이리 휩쓸리며 장비를 사 모으고 저리 휩쓸리며 한 움큼 교재를 들고 오는 일은 없어야 한다. 공부는 마중물과 같다. 서너 바가지 넣었으면 이제 양동이를 채워내야 한다. 공부라고 해서 누구에게나 언제나 좋은 것이 아니다. 공부라는 핑계로 팔랑귀를 가진 스스로에게 면죄부를 주는 일은 그만두기 바란다.

이상하게도 남들이 하는 대로 생각하고 남들이 하는 대로 따라하면 남들처럼은 살아야 하는데, 남들보다 못한 것이 인생살이다. 남들과 비슷하게라도 살려면 남들과 다르게 생각하거나 남들과 다르게 행동해야 한다. 남들보다 훨씬 더 뛰어나고 싶다면 이미 세상에서 누군가에 의해 형식화된 모든 것에 의문하는 버릇을 갖는 것이 첫걸음이다.

생각을
바꿀 용기

11

얼마 전 시내 쇼핑몰에 들렀다가 흥미로운 장면을 봤다. 흑인 노인 한 분이 앞서 걷다가 맞은편에서 걸어오는 청년 둘을 보더니 가던 길을 갑자기 멈춰섰다. 정지 상태에서 고개만 돌린 채 청년들의 뒷모습이 사라질 때까지 머리를 저으며 노려보는 것이었다. 그 노인의 이마에는 '요즘 젊은 것들은…'이라고 쓰여 있었고, 눈꼬리에는 '세상이 어찌 되려고…'라고 덧붙여 있었다. 노인의 눈에는 경멸이 가득했다. 동성애에 대한 관용과 이해가 전보다 훨씬 늘었음에도 불구하고, 스무 살 안쪽의 두 남자가 공공연히 손을 붙들고 다정히 걸어가는 모습이 받아들이기 힘들었던 모양이다.

나이 지긋한 그 흑인 노인 분은 어려서 소수자와 약자의 비애를 겪으며 살아왔음이 분명하다. 그럼에도 불구하고 소수자에 대한 자신의 인식은 변하지 않았다. 그동안 소수인종으로 살아온 경험도 성소수자에 대한 관점은 바꾸지는 못했던 것이다. 청년들의 모습을 인종과 성적 취향이라는 독립적인 상황으로 받아들인 탓이다. 그러나 이러한 문제는 소수자에 대한 관용이라는 측면으로 이해해야 한다. 우리 모두는 언제, 어디에서든지 소수에 해당될 수 있기 때문이다. 내가 한국에 있을 때는 그냥 한국인이지만 미국 공항을 밟자마자 아시안 이민자라는 소수에 해당한다.

여성 간호사가 많은 병원에서는 남성 간호사가 소수다. 직장에서는 계약직 사원이 소수다. 동네에서는 막 이사 온 사람이 소수다. 새로운 사상을 가진 자도 소수가 된다. 길을 나서면 장애인이 소수다. 동호회에서는 새로 들어온 사람이 소수다. 한국 같은 나라에서는 혼혈도 소수다. 학교에서는 전학 온 학생이 소수이며 여행 중인 관광객도 소수다. 내가 언제나 다수가 될 수는 없다. 따라서 우리는 다른 사람들의 관용에 기대어 생활한다. 소수 약자에 대한 관용이 없는 사회는 결국 그 자체가 자신에게 겨누는 칼날 같은 것이다.

나는 동성애자가 아니다. 그러나 동성애자에 대해 함부로 조롱하거나 임의로 판단하는 이성애자들을 경계한다. 그들이 이 문제에서 관용을 아직 배우지 못했다면 다른 문제 역시 폐쇄적이고 편협할 것으로 보기 때문이다. 특히, 여러 사람의 공익을 위해 일하는 군인, 경찰, 공무원들이나 많은 부하직원을 다루는 기업체 사장, 관리자들은 마치 장자의 마음으로 관용의 정신을 갖추어야 한다.

남들에게 베푸는 관용은 결국 자신에게 베푸는 관용이다. 그런 관용이 사회에 퍼진다면 내 아이가 새로운 학교에 전학을 가도 왕따가 되는 일이 없을 것이고, 우리 딸이 새 직장에 취직을 하더라도 놀림감이 되지는 않을 것이다. 여행자에게 베푸는 친절이 내가 여행할 때 절실한 도움이 되기도 하고, 새로운 사상이나 종교에 빠져도 미친놈이라는 판결에서 자유로울 수 있게 된다. 사적인 자리라고 함부로 동성애자를 조롱하는 사람은 나중에 타인으로부터의 사적인 관용이 스스로에게 절실히 필요할 때가 생길지 모른다.

자신의 생각을 바꾸는 것을 부끄러워할 필요가 없다. 정말 부끄러운 일은 자신의 생각을 바꿀 용기를 갖지 못하는 것이다.

판다익스프레스
앤드류 회장과의 대화

12

나는 사장으로서, 한 조직의 리더로서 어떤 어려움에 대해 한번도 두려움을 표현하지 않았다. 내가 무언가에 두려워한다는 것을 드러 내 보인다면 조직 전체가 불안해 하고 그 불안이 좋지 않은 결과로 흐를 것을 염려해서였다. 그러나 나는 앤드류의 방에 수첩을 들고 찾아가 인생과 사업의 선배로서 가르침을 받기를 청했다. 앤드류는 기꺼이 손수 차를 만들어가며 자리에 함께했다.

"나는 지금 조금 두렵습니다."

"무엇이 두려운가요?"

스포츠 머리에 단단하고 강한 목소리를 지닌 앤드류는 판다 그룹의 회장으로 2만 명의 직원과 1500개 식당 체인을 가진 사업가로서, 미국 내에서 가장 성공한 중국인 중 한 명으로 평가받는다.

"우리 회사는 지난 6년 사이에 1개의 매장에서 300개의 매장을 가진 회사로 성장했습니다. 그런데 앞으로 1년 안에 500~1000개의 매장을 오픈하려 합니다. 급속한 성장이 과연 회사에 좋은 일인가도 염려되고, 나와 내 직원들이 이런 규모의 회사를 잘 운영해나갈 수 있을는지도 걱정스럽습니다. 나는 이렇게 전국적인 규모의 회사를 운영해본 경험도 없을뿐더러 우리 직원들은 모두 밑바닥에서부터 함께 배워온지라 전문적인 관리 경험이 전무합니다."

이제 65세의 나이가 되었고 더 이상 오를 곳이 없는, 사업에서 절정에 다다른 사람에게 신생 비즈니스의 무서운 성장세를 자랑하고자 하는 마음이 없지 않았음은 사실이지만, 사실 정말 겁이 났다.

그가 나의 맹랑한 자랑에 대해 무슨 말을 해줄지 궁금했다. 사실 세상에는 타고난 사업가도 드물고 전문적인 교육을 받지 않았다고 해서 대형 사업을 운영하지 못할 일도 없다고 생각했지만, 나는 여전히 그의 생각이 궁금했다.

그런데 그는 오히려 내게 반문했다. 이미 해가 저물기 시작한 하코네 온천의 한 다다미방에서 나는 그의 질문에 답을 하려 애를 먹기 시작했다.

"당신의 직원들은 당신을 만나고 난 후에 더 좋은 사람이 되었습니까?"

내가 대답을 머뭇거리자 그는 계속 물었다.

"당신 사업에서 식품의 원가는 몇 %입니까?"

내 대답을 들은 그는, "누군가가 막대한 이익을 남기는군요"라고 말했다. 그는 역시 냉철했다. 막대한 이익을 남기는 자가 내가 아닐 수도 있다는 가정을 하고 있었다.

"이런 사업은 세 사람이 만족해야 합니다. 알고 있겠죠?"

분명 알고 있었다. 나 역시 직원들에게 의자의 다리를 예로 들면서 "우리에게 일감을 주는 회사, 우리와 함께 일하는 점주들, 그리고 우리 회사 등 셋이 모두 만족해야 의자가 스스로 서 있을 수 있습니다. 어느 한쪽 다리라도 짧으면 쓰러지게 돼 있어요. 이들을 다 만족하기 위해 노력해주십시오"라고 늘 설명하곤 했기 때문이다. 우리의 경쟁사들이 미국 전역의 여기저기에서 우리를 이겨내지 못하고 쓰러지는 이유도 바로 다리 셋을 만족시키는 구조를 갖추지 못했기 때문임을 누구보다 잘 알고 있기에 그의 질문에 자신 있게 대답했다.

"잘 알고 있군요. 당신의 사업을 내가 하는 사업으로 대체하면 내게 세 사람은 건물주, 직원, 그리고 나입니다."

가벼운 칭찬을 마치자마자 그는 또 물었다.

"그런데 한 사람이 더 있습니다. 의자에 다리가 세 개인 것보다 네 개인 것이 많듯이 한 사람이 더 만족해야 합니다. 그게 누군지 알고 있나요?"

내가 다시 대답을 머뭇거리자, 의자를 바짝 당겨 앉으며 그가 자신의 질문에 답을 했다.

"소비자, 즉 고객입니다. 당신의 원가 코스트는 너무 낮습니다. 원가가 낮아 이익이 많다는 이야기는 고객을 만족시키지 못한다는 이야기입니다. 당신의 경쟁자가 한 다리나 두 다리밖에 가지지 못했기에 지금은 시장을 모두 당신이 가져가겠지만 앞으로도 그대로 계속 이어진다면 소비자가 떠날 겁니다. 결국 언젠가, 누군가가 당신 자리를 차지하게 될 겁니다."

그렇다. 나는 세 사람의 이익을 중시하다 보니 소비자를 따로 분리해놓고 있었다.

그의 판단과 지적은 명확하고 날카로웠다. 판다그룹이 우연히 운 좋게 생긴 회사가 아니라는 점을 믿게 되었다. 나는 확실히, 지금 이 자리에 이르기까지 소비자들의 눈치를 보지 않았다. 세 사람의 이익을 극대화하는 것이 다른 경쟁자를 이길 수 있는 유일한 방법이었기에 그럴 만한 여유를 부리지 못한 것이 사실이었다. 그러나 소비자를 무시한다면 어느 날 사업은 사라지고 말 것이다. 다리 셋인 의자보다는 다리 넷인 의자가 안전하기 때문이다. 일본 다다미방에서의 조용한 가르침이 내 사업에 마지막 다리를 완성토록 깨우쳐줬다. 경륜은 결코 무시할 수 없었다.

잭 조지의 가방

13

크지도 작지도 않은 검은색 가죽 손가방을 하나 샀다. 보통은 물건을 넣어놓으려고 가방을 사는데, 나는 그 가방에 무엇을 넣을지 생각해보지도 않고 그냥 샀다. 앞쪽으로 작은 열쇠 구멍이 달린 금속 고리가 있고 안을 열어보면 몇 개의 칸으로 나뉜, 지극히 평범한 제품이다. 가방 구석에는 금속 단추로 잭 조지라는 브랜드 이름이 적혀 있다.

나는 그전에 잭 조지가 누군지 몰랐다. 남편이 죽고 나서 일을 다시 시작했다는 가방 판매원 할머니 말씀에 따르면 명품 가방 회사에서 디자인하던 사람이 나와서 차린 회사라는 정도였다.

그의 가방에는 요란한 장식도 없고 뛰어난 디자인도 없는 것이 분명하다. 하지만 한눈에 봐도 바느질과 재질이 뛰어나다는 것은 느낄 수 있었다. 아내는 생전 가방이라고는 들고 다니지 않던 사람이 300달러라는 거금을 주고 가방을 사온 이유가 궁금했다. 설명하자니 말이 길어질 것 같아 "그냥 예뻐서"라고 말했다. 하지만 나는 이 가방을 보는 순간 알았다.

가방은 사자마자 낡아버릴 것이다. 여기저기 긁힌 자국이 그대로 남을 것이고 얼룩과 변색도 그대로 남아 있을 것임을 알았다. 그러나 튼튼한 가죽과 꼼꼼한 바느질 덕분에 형태가 흐트러지거나 눌리지 않을 것이라는 것도 함께 알았다. 자주 사용하고 낡아갈수록 오히려 기품이 생기는 그런 가방이 되리라는 느낌이 왔기에 망설임 없이 구매하게 된 것이다.

생각대로 가방은 가지고 다닐수록 정이 붙어갔다. 손톱에 스친 자국이 늘어나고 조금은 후줄근해졌지만 오히려 처음 샀을 때보다 더 기품 있어 보인다. 나는 이 가방을 데리고 미국의 몇십 개 주를 여행했으며 알래스카뿐 아니라 몇몇 외국도 함께 다녀왔다. 내 작은 컴퓨터가 흔들림 없이 자리 잡을 수 있는 주머니가 뒤쪽에 있어 언제든 손쉽게 컴퓨터를 사용할 수 있었고, 널찍한 어깨걸이는 장시간 메고 있어도 좋았다.

나는 이런 가방 같은 사람들이 있다고 믿는다. 젊음과 아름다움은 잠시지만 함께 늙어갈수록 좋아지는 사람들이 있다. 그가 받은 삶의 주름이 헝클어져 있어도 여전히 아름답고 기품 넘치는 사람들이 있다.

늙을수록 멋있고 오래 될수록 가치 있는 친구들은 아무리 가까이 해도 내 어깨를 힘들게 하지 않는다. 오히려 그들이 내 어깨에 올라와 있는 것이 자랑스럽다.

THOUGHTS·BECOME·THINGS

한국 프랜차이즈 업종이
미국에 진출해야 하는 이유

14

한국의 프랜차이즈는 지난 10여 년간 급속히 성장했다. 질적·양적으로 놀랍도록 달라졌다. 근간의 한국 프랜차이즈 박람회를 다녀보면 선진국 어디보다도 활발하고 창의적이다. 그러나 초기 한국의 프랜차이즈 회사라 하면 사기꾼 아니냐는 의심을 받았다. 로열티에 따른 수입구조가 명확지 않은 상태에서 점주를 모집하고, 인테리어 비용이나 물류 공급을 통해 비정상적인 수입구조를 유지하면서 분란이 끊이지 않았다.

그러다 보니 사업체를 영속적으로 유지하기보다 이른바 '치고 빠지는' 형태로 사업을 진행했던 것이다. 가맹비를 받고 매장을 우수

수 열고 난 후 더 이상 지원이나 개발이 이루어지지 않은 상태에서 점주들을 방치했다. 2차 브랜드를 이용해 같은 짓을 하는 방식으로 사업을 유지하는 경우도 흔했다. 하지만 요즘은 굵직한 중견기업 위주의 사주들을 중심으로 한국프랜차이즈협회가 재편성되면서, 친목단체 같았던 협회가 상당히 내실 있는 단체로 성장했다. 대학에 CEO들을 위탁교육시키고 자체 기준을 강화하고 실속 있는 산업군으로 자리 잡기 위해 노력을 했다.

또한 의식 있는 젊은 사업가들이 프랜차이즈 산업으로 대거 들어오면서 점주관계, 운영기준 등이 놀랍도록 쇄신되었다. 사내 사원복지나 임금구조도 매우 개선되어 유능한 인재들을 많이 흡수했다. 일부 상위 회사의 매장 디자인이나 운영 방식은 선진국의 프랜차이즈 업종과 견주어도 절대 뒤지지 않을 정도로 놀랍게 세련되어 있고 체계적이다. 위생 문제나 직원교육도 현저히 개선되었다. 이런 참신한 매장들이 한류 문화와 함께 노출되면서 동남아 및 중화권에서 각 업체로 수많은 제안서가 날아든다. 마치 30년 전 일제, 미제라면 껌뻑 죽던 것이 한국제로 바뀌어버린 상황이다. 업체 사장들이 시장 조사차 방문해보면 중국 시장들은 만만해 보인다. 경쟁자는 보이지 않고 잠재 고객은 끝도 없어 보이니 너도 나도 서두르는 상황이다.

그럼에도 나는 이런 중국 시장에 한국 프랜차이즈가 진출하는 것에 대해 비판적 견해를 유지한다. 그 이유는 다음과 같다. 첫째, 사업의 기반시설이 약하다. 이는 마치 항만과 도로가 없는 나라와 수출을 하는 것과 같다. 상품을 생산해도 운반을 할 도로가 마땅치 않고 상품을 하역할 배를 정박할 시설마저 부족한 것과 같다. 법률역시 정치적 상황에 따라 급속히 변하며 법률과 상관없이 벌어지는 현실적 문제도 만만치 않은 것이 사실이다. 결국 사업이 잘된다 해도 수익을 가지고 나오기도 힘들며 재산권 보호도 명확지 않고, 합리적 도움을 받을 정부 조직마저 없다.

둘째는, 인구가 많다 하나 생활편차가 심해서 마케팅 포인트를 잡기가 쉽지 않다. 부자들은 너무 부자고 가난한 사람들은 너무 많다. 부자 마케팅을 하려니 그 수가 적고 대중적인 쪽으로 가려니 제품이 비싸다. 그렇다고 딱히 인지도가 강한 브랜드가 아니니 일반대중에게 고급 제품을 팔려고 해도 무리가 따른다. 한류를 등에 업고 있으나 오픈 후 반짝 흐름이 언제까지 이어질지 모른다. 1980년대 초까지만 하더라도 우리나라 다방에 가보면 테이블 밑에 껌이 덕지덕지 붙어 있었다. 이것이 그 당시 한국인의 '숨은' 공공의식 수준이었다. 일부 미국 회사들은 이 껌이 사라진 1980년대 후반이 되어서야 한국 진출을 준비했다.

이케아는 무료로 공급하던 메모용 연필을 치웠다. 패스트푸드점들은 셀프서비스 음료수 기계를 철수하고 코스트코에서는 핫도그용 양파를 숨겨버렸다. 이들은 아직도 한국인의 공공의식이 여전히 낙후된 모습을 보인다는 사실을 몰랐던 것이다. 1980년대의 잔재가 아직도 한국에 남아 있는 것이다. 중국은 1960년대부터 2010년까지 모든 수준의 공공의식이 공존하는 곳이다. 매장 안에서 가래침을 뱉는 직원부터 서양에서 정규 교육을 받은 세련된 직원들이 함께하고 있다. 손님들도 맨발로 들어오는 사람부터 아르마니 구두를 신은 사람까지 그 폭이 다양하다.

셋째, 우월의식이 사업에도 들어가 있다. 한국 사업가들의 나쁜 습성 중에 하나가 한국보다 국력이 낮거나 소득이 낮으면 무시하는 경향이 강하다는 것이다. 그래서 동남아 및 중국인들에게는 항상 은 연중에 무시하는 태도를 유지하고 서양인들에게는 함부로 대하지 못하는 경향이 있다. 이런 태도는 여행지에서 확연히 나타난다. 동양을 여행하면서는 함부로 행동하고 무엇인가 못마땅한 것을 찾아 가르치듯 말하지만, 서양권 여행지에서는 침묵한 채 시키는 대로 졸졸 따라다닌다. 동양인과 서양인에 대한 상반된 태도가 사업에도 그대로 영향을 미친다. 우리 회사가 중국에 들어가면 다 휩쓸 것처럼 보이지만 서양 시장의 높은 표준을 어떻게 이길지 자신이 없다. 동양인 직원들에게는 욕도 함부로 할 수 있을 것 같지만 서양 직원들은 어떻게 다뤄야 할지 겁부터 나는 것이다.

중국의 현지 사업들이 자본이나 사업 경험과 상관없이 해당 비즈니스를 현 상태로 유지하는 나름대로의 이유가 있다. 업체들을 둘러보면 상품 위에 조명을 안 달거나, 직원들 유니폼이 없다거나, 머리를 감지 않고 출근하는 등 개인 위생상태가 형편없다. 내가 오픈하면 이 모든 것을 뜯어 고칠 것 같아도 현지에 가보면, 전기 라인을 새로 개설하는 데 오랜 시간과 뇌물이 필요하다거나 직원들에게 유니폼을 입혔더니 사라진다거나 위생교육을 할 수 없을 정도의 생활, 즉 종업원들이 매일 샤워를 할 수 없는 수준의 환경에서 사는 등 다양한 이유들이 있는 것이다.

중국 고객과 중국의 소규모 경영자들을 무시하는 한 절대로 사업을 성공시킬 수 없다. 또한 중국 내의 파트너들은 한국인들보다 더 동업에 능하고 수완이 좋은 사업가들이다. 국제적 브랜드 파워가 없는 한국의 개별 프랜차이즈들이 이들을 상대로 사업을 한다는 것은 무모한 일이다. 그들은 해당 모델을 현지화하여 쉽게 독립할 수 있다. 지난 30년간 일본의 프랜차이즈가 한국에 들어와서 범했던 실수를 이제 우리가 중국을 상대로 똑같이 하는 것이다.

그럼에도 불구하고 많은 진취적인 회사들이 이미 여러 아시아 대도시에서 사업을 진행 중이고, 그중 일부는 꽤 성공한 사례도 있다. 그들은 위의 세 가지 불리한 조건을 이기기 위해 피나는 노력을 했을 것이다. 그럼에도 아직 그 성공이 실제 출구전략으로 이어진 회사는 거의 없다고 봐야 한다. 여기서 질문이 발생한다. 그럼 왜 이렇게 수많은 고생과 위험 부담을 가지고 중국으로 갈까? 가까우니 관리하기가 쉽다는 뜻인가? 중국에도 매장이 있다는 소리 정도는 해야 국내에서 홍보 효과가 좋은가? 성벽을 오르기 위해 수많은 군사들이 죽어나가는 것이 눈에 뻔히 보이고, 설령 성벽을 넘었다 해도 전리품을 담아 가지고 나온다는 보장이 없음에도 다들 앞으로 달려나가는 이유가 무엇일까? 굳이 이 질문에 답을 구해본다면 한국 프랜차이즈 사업가들이 중국 시장 진출에 대해 사업가답지 않게 낭만적 정서를 따른다고 볼 수밖에 없다.

내가 해결책으로 권고하는 것은 그 열정으로 미국으로 진출하라는 것이다. 나는 한국적인 프랜차이즈가 미국 시장에서도 인기가 많을 수 있다는 것을 안다. 국수 전문점, 불고기와 갈비 등의 구이 집, 해산물찜 전문, 만두점, 빙수 전문점, 디저트카페, 커피숍, 치킨 등의 제품은 미국인들도 충분히 환영할 만하다. 물론 이런 업체들이 미국에 진출하지 않은 것은 아니다. 그러나 그들은 한국인들이 사는 한인 타운 중심으로 사업을 시작하면서 교포화된 사업에 그치고 있다. 미국의 친척이나 아는 친구들에게 매장을 오픈시키면서 제대로 된 마스터 프랜차이즈 계약조차 없는 상태에서 진행하거나, 일부 업체는 점주에게 회사명을 빼앗기는 터무니없는 실수도 한다.

중국으로 들어갈 때는 중국교포 시장을 염두에 두지 않고 현지화를 목적으로 하면서 미국은 교포화할 궁리를 먼저 한다. 당연히 중국에서처럼 현지화된 프랜차이즈를 등록하고 현지인을 상대로 비즈니스 영역을 고려했다면 성공했을 수도 있을 것이다. 교포화된 한국의 프랜차이즈는 엄밀히 말해 해외 진출이라 볼 수 없으며 미국식 기준의 프랜차이즈 기법을 사용할 수도 없다.

국수는 이제 미국 시장에 보편화돼가는 아이템이다. 미국인들 상당수가 이제 젓가락질을 한다. 월남국수, 일본라면 등은 해마다 주류 시장으로 번져가고 있다. 동양의 모든 국수들을 한군데 모은 전문점은 상당한 인기를 얻을 것으로 본다. 불고기, 갈비를 직접 테이블에서 굽는 방식은 최고의 쇼비즈니스다. 이런 모델은 대도시뿐 아니라 중소 도시도 충분히 시장성이 있다. 만두는 스팀으로 직접 쪄내고 만드는 장면을 보여주는 방식이라면 계층을 막론하고 인기가 높을 것이다. 빙수는 아이스크림과 요거트로 양분된 시장에 변화를 줄 흥미로운 아이템이고, 디저트 카페는 대도시 젊은 층에게 인기 있을 상품이다. 한국의 치킨은 양념이나 구이나 튀김 등 모두 미국 최고의 제품들에 버금간다. 이런 제품들이 한국에만 있다는 것은 정말 아쉽다.

커피숍의 경우 미국 소비자층 입맛에 맞추기만 하면 운영방식, 매장 디자인 등은 전혀 뒤지지 않는다. 한국의 이런 프랜차이즈들은 미국 프랜차이즈에 비해 흥미를 유발하는 쇼적인 요소들이 많다. 이것은 비즈니스가 초기 성장을 하는 데 엄청 유리한 점 가운데 하나다. 또한 미국은 전국적 모델의 비즈니스라면 최대 3000개의 매장을 오픈할 수 있는 대형시장이다. 중국이 아무리 인구가 많다 한들 소득편차가 심하고 물류 유통이 원활하지 않아 거의 불가능한 숫자다. 또한 미국의 가장 큰 매력은 법적으로 완벽하게 보호받을 수 있다는 것이다. 이는 로열티를 확인하고 확보함에 있어 프랜차이즈 비즈니스의 가장 중요한 수입원을 보장받는다는 뜻이다. 점주의 인식도 이런 비용을 지불하는 것에 대해 공정성을 유지함은 물론, 계약을 존중하는 합리적 사업문화를 가지고 있어 사업상 불필요한 에너지로 고생하는 일도 없다.

합리적인 사업관을 가지고 점주의 이익과 내 이익을 함께 나누며 성장하고자 하는 프랜차이즈 비즈니스를 하고 싶다면 당연히 미국이 더 만만한 것이다. 미국은 생각과 달리 직원들의 고용과 해고가 상대적으로 자유롭고 자기 일에 대해 애정도 강한 편이다. 고용주를 존중하며 고객을 어려워한다. 사업주 입장에서는 변수가 많고 감정적으로 움직이는 동양적 사고방식의 직원들보다 오히려 편하기도 하다.

그러나 무엇보다 미국 시장 진입에 따른 가장 큰 혜택은 미국 시장을 잡으면 전 세계를 상대할 수 있다는 점이다. 이는 미국이 프랜차이즈 산업에서 가지고 있는 특수성에 기인한다. 미국 시장에서 성공한 모델들은 전 세계에 통용될 수 있는 일정한 기준과 표준을 갖게 된다. 이를 통해 다른 국가에 입성하는 것은 전략상 대단히 중요한 의미를 가진다. 이를 상징적으로 보여주는 것이 대우자동차와 현대자동차의 해외 수출전략에서 볼 수 있다. 완성차 시장에서 감히 미국을 상대할 자신이 없었던 대우가 동구권을 돌며 시장을 키우는 동안 현대차는 가장 큰 북미시장을 직접 공략하며 사업역량과 품질을 키워왔다. 미국 시장에서 성공한 이후 현대차는 전 세계적인 완성차 회사가 되었지만 대우는 변방을 도는 이름 없는 자동차 회사로 머물다 사그라졌다.

나는 한국의 프랜차이즈들이 지금까지 이룩한 노하우와 역량을 가지고 미국 시장을 접수하고 전 세계적인 브랜드로 성장하기를 바란다. 이것이야말로 프랜차이즈 오너들이 세계적인 대기업이 될 수 있는 몇 안 되는 기회 중 하나다. 그들은 충분히 할 수 있다고 생각한다. 군이 삼계탕이나 비빔밥 등에 매몰된 애국심을 팔려고 하지 말고 좋은 먹을거리를 팔려고 생각하면 답은 언제나 있다. 중국은 앞으로 20년 후에 가도 늦지 않다. 오히려 이런 업종은 일찍 들어가는 것이 무덤이다. 공연히 너무 일찍 중국으로 몰려다니면서 마음 상하고 돈 잃지 말고, 미국 시장에서 한국 음식을 통해 세상을 향한 더 큰 꿈을 키우기 바란다.

나는 한국적인 프랜차이즈가 미국 시장에서도 인기가 많을 수 있다는 것을 안다. 국수 전문점, 불고기와 갈비 등의 구이 집, 해산물찜 전문, 만두점, 빙수 전문점, 디저트카페, 커피숍, 치킨 등의 제품은 미국인들도 충분히 환영할 만하다.

THOUGHTS • BECOME • THINGS

PART 3

그들이
원하는 것을
팔아라

나는 생각을 통해 내 사업을 만들고 가족관계를 유지하고 꿈을 이루고 친구들을 만든다. 나는 내가 이루고 싶은 것이나 갖고 싶은 것을 생각해내면 그걸 상상하고 끊임없이 생각하는 방식으로 바라는 것을 얻는다. 생각이나 상상은 그 자체가 물리적 힘을 가진다. 내가 무엇인가를 생각하는 순간 그 생각은 실체의 에너지를 가지며 그 생각은 발현할 준비를 한다. 이 생각이 현실로 나타나는 첫 번째 모습은 그 생각을 시작한 사람이 종이에 글로 적었을 때다. 종이에 쓰인 생각은 실체다. 눈에 보이기 때문이며 스스로 존재하기 때문이다. 나는 이렇듯 간단한 방식으로 내 삶의 모든 것을 얻었다.

나는 하루에 불과 몇 분만 투자함으로써 남들이 부러워하는 모든 것을 다 가졌다. 나는 전생에 나라를 구한 사람이 아니다. 나는 현생에 내 나라를 내가 만들고 있을 뿐이다. 이제 책을 덮고 자기가 얻고자 하는 것을 명함 뒤편에 적어라. 빼곡히 적어라. 그리고 아침마다 읽어라. 될 때까지 들여다봐라.

사장의
권력

1

어떤 매장의 오픈 행사에 참석하고 나서 간단한 점심을 먹기 위해 나왔더니 오늘 우리 매장에 일자리를 구한 젊은 애기 엄마가 역시 점심을 들고 빈자리를 찾아 서성거리기에 함께 앉자고 권했다. 본사에서 온 사장이 새파란 신참 직원에게 함께 점심을 하자고 했으니 어색하고 불편했겠다. 하지만 빈 곳이라곤 내 앞자리밖에 없던지라 어쩔 수 없었을 것이다. 그런데 점심을 한 입 겨우 넘기던 여자가 갑자기 눈물을 흘리기 시작했다. 주변에 많은 미국인들은 내가 그 직원을 혼내는 줄 알았는지 이상스런 눈초리를 보내기 시작했다.

　오해를 받으면서 조금 더 기다려주자 그 여자는 미안하다며 자신

의 지난 이야기를 꺼내놓았다. 남편과 꽤 큰 일식집을 하다가 지금
은 사업이 망하면서 이혼하고 아이 둘을 키우며 일을 다닌다는 것이
었다. 친구들이 애들을 봐줘서 이렇게라도 일을 한다는 것이었다.
그러면서 자신도 매장을 하나 운영할 수 있도록 부탁드린다며 눈물
을 보이는 것이다. 매장만 하나 받으면 남편과 재결합해서 열심히
살아보겠다며 도움을 요청했다.

　매번 이런 부탁을 받으면 나는 어쩔 줄 몰라 한다. 물론 나는 그
럴 힘이 있다. 내게 그럴 힘이 있다는 것이 자랑스러우면서도 불편
하다. 자랑스럽다는 것은 언제든지 원하면 누군가의 인생을 바꿀 만
한 권력이 있다는 것이고, 불편하다는 것은 그런 식으로 권력을 사
용하면 그 권력이 결국 사라질 것이라는 우려다.

　나는 내 직원들은 물론이고 그들의 자녀들을 보면서도 내가 가진
권력의 힘이 그 아이의 엄마나 아빠만큼이나 그 아이의 삶에 영향을
줄 수 있다는 점에 새삼 놀라기도 한다. 내가 이 사람을 해고하거나
승진시키면 그 아이의 평생 삶이 달라질 수도 있기 때문이다. 내가
회사의 모든 이익을 다 가져가도 불평하는 사람이 아무도 없다. 처
음에 이 회사를 만들었을 당시 나는 내 모든 재산과 가족을 걸고 성
공시켰다. 그러니 보상에 대한 모든 것이 합당한 대가라 할 수 있다.
법률적으로나 사회적으로 이 문제에 아무도 이의를 제기하지 않는
다. 나는 회사 구조 안에서 무소불위의 권력을 가지고 있는 셈이다.

　그런데 왜 이 여자를 돕지 않는 것인가? 나는 이 여자의 눈물 앞
에서 "사장님은 일반 사람들과 다른 눈빛을 가졌다"는 칭찬을 들으

"지금 이곳 매장에서 열심히 일하시면서 손님들과 좋은 관계를 보여주세요. 그리고 여기 지사장에게 매장이 나오면 받고 싶다고 지금처럼 의사 표현을 하세요. 당신이 성실한 모습을 보여준다면 제가 말을 안 해도 이곳 지사장이 당신을 찾을 겁니다."

면서도 가장 냉정한 자세로 일반적인 이야기를 해줄 수밖에 없었다. "지금 이곳 매장에서 열심히 일하시면서 손님들과 좋은 관계를 보여주세요. 그리고 여기 지사장에게 매장이 나오면 받고 싶다고 지금처럼 의사 표현을 하세요. 당신이 성실한 모습을 보여준다면 제가 말을 안 해도 이곳 지사장이 당신을 찾을 겁니다."

만약 그 자리에서 지사장을 불러 이 여자 분에게 매장을 주도록 지시를 했더라면 그 여자 분에게는 드라마 같은 일이 벌어져서 훗날 늙도록 내 이야기를 할 것임에 틀림없다. 그러나 만약 일이 그렇게 진행된다면 지사장은 회사의 기준과 일정에 따라 진행되던 분양 스케줄에 중심이 흔들릴 것이고, 그 자신도 사적인 기준에 따라 분양 과정을 조정할 것이 분명하다. 만약 지사장들이 다 그런 식으로 일을 한다면 회사 내에는 매장 분양권을 가지고 권모술수와 이권을 주고받는 사람들로 가득할 것이다. 수년 후에 이 회사가 어떤 꼴을 하고 있을지는 뻔한 일이다.

지금도 내 동생이 매장을 하나 운영 중이지만 나는 매장 분양에 관여하지 않고 있다. 사장의 동생일지라도 우리 담당 직원은 좋은 매장을 주지 않고 있다. 그런 매장을 아직 감당할 만한 운영능력을 보여주지 못했기 때문이다. 나는 그 직원을 불러 그래도 내 동생이고 대학에 들어가는 아이와 애가 셋이나 되는데 신경 좀 써주라는 소리를 하지 못한다. 마음은 제일 좋은 매장을 주라고 하고 싶어도 동생이 그럴 만한 능력을 우리 직원에게 보여줄 때까지 그냥 애타게 기다리고 있다.

내가 직접적인 도움을 주지 않음에 혹 서운해 할 이 여자 분에게 내 동생 이야기를 하진 않았다. 그러나 사장의 동생보다 일만 더 잘하면 훨씬 좋은 매장을 받을 수 있다는 소리를 간혹 들을 때면 자랑스럽기도 하고 동생에게 미안한 마음이 들기도 한다.

한 회사의 100% 지분을 소유한 사장일지라도 그 권력은 바닥에서 나온다는 것을 알아야 한다. 바닥에서 나오는 권력을 무시하고 여론을 무시하면 언젠가 그 권력은 사라지게 될 것이다. 권력이 더 큰 권력을 가지기 위해서는 그 권력을 사용하지 않음으로써만 가능하다.

Reader's Digest

남편 없이 아이를 키우는 엄마가 구겨진 4달러를 들고 동네 모퉁이 구멍가게에 분유를 사러 왔다. 분유통을 계산대로 가져가니 주인이 7달러 69센트라고 한다. 힘없이 돌아서는 아이 엄마 뒤에서 가게 주인은 분유통을 제자리에 올려놓았다. 그러다가 분유통을 슬며시 떨어뜨렸다. 주인이 아이 엄마를 불러 세우고 찌그러진 분유는 반값이라 말한다. 4달러를 받고 20센트를 거슬러준다. 아이 엄마는 자존심을 상하지 않고 분유를 얻었고 가게 주인은 3달러 80센트에 천국을 얻었다. 정말 멋진 거래다.

『자기경영 노트』 중에서(김승호 지음, 2010)

쉴 수 있어야
진짜 사장

2

공항을 들락거리거나 병원의 진료 카드를 작성할 때면 직업란에 내 직업을 쓰려다가 머뭇거릴 때가 있다. 이제 나는 이 세상에서 가장 큰 도시락 유통 체인 중에 하나가 된 회사를 소유했다. 하지만 얼마 전부터 경영에 참여하지 않고 있다. 금융권 자본과 고액 자산가의 자산을 관리하는 회사의 이사회 의장이기도 하지만 실상 하는 일은 없다. 상장된 회사의 1대주주이기도 하지만 그 역시 출근하지 않는다. 그러니 이런저런 명함을 가지고 다녀도 막상 내 직업을 표기하려면 모호한 구석이 있다.

사업가, 기업가, 자본가, 그 어떤 것도 직업이라기보다는 직업의 분류 같다. 딱히 내 직업이라 칭하기엔 낯설다. 그래서 비행기 안이나 사교모임에서 누군가 직업을 물으면 그냥 농부라고 말한다. 딱히 틀린 말도 아니기 때문이다.

나는 무언가를 심고 자라게 하는 일이 여전히 좋고 들판에 자라는 여러 들풀의 이름을 익숙하게 외우고 식용을 구별해내는 데 재주가 많기 때문이다. 농부라 하면 다들 더 이상 묻지 않고 물러난다. 그러나 누군가 진지하게 무얼 하는 사람이냐 묻는다면 나는 '생각사'라 말할 것이다.

생각사±는 변호사, 의사와 같이 법률 조언이나 병을 고치는 일을 전문적으로 하며 생계를 유지하듯, 생각을 전문으로 생계를 유지하는 사람을 뜻한다. 그래서 나는 생각사다.

나는 생각을 통해 내 사업을 만들고 가족관계를 유지하고 꿈을 이루고 친구들을 만든다. 나는 내가 이루고 싶은 것이나 갖고 싶은 것을 생각해내면 그걸 상상하고 끊임없이 생각하는 방식으로 바라는 것을 얻는다.

생각이나 상상은 그 자체가 물리적 힘을 가진다. 내가 무엇인가를 생각하는 순간 그 생각은 실체의 에너지를 가지며 그 생각은 발현할 준비를 한다. 이 생각이 현실로 나타나는 첫 번째 모습은 그 생각을 시작한 사람이 종이에 글로 적었을 때다. 종이에 쓰인 생각은 실체다. 눈에 보이기 때문이며 스스로 존재하기 때문이다. 이제 생각에서 씨앗이 나온 것이다. 그리고 이 생각의 씨앗이 정말 발현할 것인가 아닌가는 얼마나 지속적으로 그 생각을 유지해나가느냐에 있다. 화분에 씨앗을 심었을지라도 물을 주지 않으면 곧바로 말라죽는다. 그 씨앗이 자랄 수 있도록 지속적으로 계속 생각하면 생각은 점점 자라 실체가 되어 나를 감싸게 된다. 나는 이렇듯 간단한 방식으로 내 삶의 모든 것을 얻었다.

이전에 출간한 책에서 한 기자가 인터뷰 후에 매출과 자산을 잘못 계산하는 바람에 내 자산이 700억 원이라는 기사가 게재된 적이 있다. 당시에 그만한 자산이 실재하지 않았던 나는 이런저런 경로를 통해 수정해보려 했지만 괜히 고지식한 사람이라는 소리나 들었다. 이미 책이나 기사로 인쇄가 된 마당이니 어쩔 수 없다는 것이었다.

"할 수 없지. 그럼 내가 700억 원대 부자가 되면 되겠구먼." 나는 내 상상 리스트에 700억 원 이상의 부자가 되는 꿈을 넣었고, 이젠 그 표현이 부끄럽지 않게 됐다.

나는 아내와 자식과의 관계나 친구들 사이에 유대감 역시 상상과 생각을 통해 얻었다. 얻고자 하는 사업체나 자산의 종류 역시 먼저 상상하고 지속적으로 생각함으로써 이룬다. 내겐 지금도 여전히 20여 개가 넘는 상상 리스트가 있다. 해마다 그중에서 목표를 이룬 것은 삭제하고 빈칸에 내가 얻고자 하는 것을 적어 넣는다. 그리고 수첩에 넣어두고 편한 시간에 들여다본다. 당장, 그리고 정말 간절한 목표들은 이메일 암호로 만들어 하루에 서너 번씩 어쩔 수 없이 상상토록 유도한다. 어떤 상상은 불과 몇 달이면 이루어진다. 그러나 어떤 상상은 4년이 걸리기도 했다. 시간이 오래 걸리는 이유는, 어면 목표는 참외처럼 몇 달이면 익기도 하지만 사과나무처럼 몇 해가 필요하기도 하기 때문이다. 나의 이런 방식을 주변의 가까운 사람들에게 혹은 성공을 원하는 젊은이들에게 수없이 알려줬지만 실제 따라하기가 쉽지 않다. 그들은 생각사란 직업 이전에 이미 다른 직업을 갖고 있기 때문이다. 하지만 그들이 모르는 것이 하나 있다. 생각사란 직업을 갖기 위해선 돈도 필요 없고 따로 출근을 하지 않아도 된다는 사실이다. 그저 남모르는 편한 시간에 머릿속으로 조용히 자신의 상상을 꾸준히 되뇌는 데 도대체 얼마나 시간이 필요하다는 말인가?

나는 하루에 불과 몇 분만 투자함으로써 남들이 부러워하는 모든 것을 다 가졌다. 나는 전생에 나라를 구한 사람이 아니다. 나는 현생에 내 나라를 내가 만들고 있을 뿐이다.

이제 책을 덮고 자기가 얻고자 하는 것을 명함 뒤편에 적어라. 빼곡히 적어라. 그리고 아침마다 읽어라. 될 때까지 들여다봐라. 복권에 당첨되기를 기대하며 매주 복권을 사는 것보다 그 길이 훨씬 빠르고 현명하다.

어느 날 아내와 TV를 보다가 그날 저녁 복권의 1등 당첨금이 190억 원이란 소리를 들었다. 아내와 내기를 했다. 버는 게 빠를까? 복권에 당첨되는 게 빠를까? 나는 당연히 버는 게 빠르다는 쪽에 걸었다. 직원 몇 명 데리고 있던 당시로서는 맹랑한 소리였다. 나는 즉시 내 상상 리스트에 현금자산 190억 원이라는 목표를 넣었다. 3년여가 흐른 지금, 내 사업의 평가가치는 수천억 원을 넘어섰다. 아내는 진즉에 복권 사는 일을 포기했고 나는 그 돈으로 상장사 지분을 인수해나가고 있다.

억만장자가 되는 비결을 다시 한 번 밝혀두고자 한다. 이제 책을 덮고 자기가 원하는 것을 명함 뒤편에 적어라. 빼곡히 적어라. 그리고 아침마다 읽어라. 될 때까지 들여다봐라.

미국 사업가들과의 여행

3

때마침 흐드러지게 핀 벚꽃이 바람에 이기지 못하고 눈처럼 날리는 도쿄 밤거리를 여덟 명의 미국인 남녀들과 함께 걷고 있었다. 2012년 4월 중순의 일본은 가장 일본다운 모습을 하고 있었다. 우리는 십 대 고등학생들처럼 몰려다니며 웃고 떠들고 장난을 치며 놀았다. 가운데 홀을 비워놓은 3층 목조 건물의 유명 식당 곤파치權八에 몰려간 우리는 사케와 일본 맥주를 시켜놓고 가족 사진과 애들 이야기, 서로 자란 동네 이야기를 하며 늦게까지 어울렸다. 곤파치 직원들이 외치는 구호를 영어로 바꿔서 함께 소리를 질러대고 옆 테이블에 앉은 손님들을 놀리기도 하며 즐거운 시간을 보내고 있었다.

모임이 거의 끝나갈 무렵 화장실에 가기 위해 신발을 찾다 보니 우리가 벗어놓은 신발이 나란히 마루 밑에 정리되어 있었다. 구두 뒤축만 보여 내 구두를 찾으려니 구두를 하나하나 꺼내볼 수밖에 없었다. 구두를 이리저리 뒤지다가 일행이 신고 온 운동화와 여성 구두도 꺼내보았다. 이들 신발 중에는 이른바 명품이 없었다. 다들 일반 상점에서 흔히 볼 수 있는 중저가 브랜드였다. 내가 신고 온 99달러짜리 캘빈클라인 구두가 가장 비싸 보였다. 어느 누구도 신발로 봐서는 이들의 신분을 전혀 짐작하지 못할 것이다.

당시 세계 최고의 간장 제조사인 기코망^{Kikkoman}에서는 미국 유명 사업가들과 교류를 확대하고 자사의 이미지 제고와 제품 판매를 높이기 위해 해마다 몇 명의 미국 사업가를 초청하는 일을 해오고 있었다. 나 역시 초청을 받아놓고 바쁜 일정과 여러 차례 일본을 방문한 경험이 있어 참석을 결정짓지 못하던 차에 다른 초청자들의 면면을 알고 난 후에 마음을 바꿔버렸다.

앤드류는 중국계 미국인으로 요리를 하던 아버지를 따라 일본을 거쳐 미국으로 이민을 왔다. 40년 전 25세 나이에 식당을 차린 뒤, 지금은 미국 내에 1500개의 매장을 가진 판다익스프레스 회장이다. 최근에는 타이드사와의 협력을 통해 세탁업에 진출하여 캘리포니아 지역의 한국 세탁업계를 긴장시킨 주역이기도 하다. 아내와 함께 온 필은 늙은 대학생 정도로 보이지만 스티어^{Stir}사의 대표다. 식품원료를 제조·공급하는 유명 회사를 운영하기에는 너무 젊어 보였는데, 이제 자기도 마흔이 되었다며 웃는다. 내가 여기서 막내인 줄 알

앉더니 필이 막내다. 잭 링크는 유명 비프저키beef jerky 회사다. 내가 제일 좋아하는 비프저키다. 육질이 가장 부드럽고 그중 매운 양념 맛은 아주 맛있게 맵다. 잭이 어릴 적 모습 그대로 자랐다면 분명 고등학교 때 인기 없고 덩치 크고 둔한 아이였을 것이다. 잭을 얕보던 동급생 여자아이들은 지금 땅을 치고 있을 것이 뻔하다. 잭 링크 비프저키는 지금 미국 내에서 가장 성공적이고 유명한 제품으로 발전해서 미국 내 시골 주유소 곳곳에서도 만날 수 있다. 그 외에도 페이웨이Pei Wei, 웬디스버거Wendys Burger, 하인즈케첩Heinz Ketchup, 라이프스파이시Life Spicy 등 유력 식품회사의 대표나 고위임원들이 함께했다. 나는 이들과 일주일간을 보내게 된 것이다.

처음 공항에서 인사를 나누고 며칠을 지내면서 가만히 생각을 해보니 이상한 점이 있었다. 한국인 사업가들과 만나면서 경험해오던 자리와는 전혀 다른 점이 있었다. 지금 이 모임이 만약 한국인 사업가들로 구성되었다면 나는 지난 며칠간 자신들의 사업이 얼마나 크며 직원이 몇 명이며 무슨 일을 해서 한탕 크게 벌었는지, 어느 곳에 땅을 샀고 어느 곳에 빌딩을 가지고 있는지 전부 알게 됐을 것이다. 그리고 무엇보다 알아듣지도 못하는 골프 이야기를 지겹도록 들었음이 분명하다. 우리는 사실 처음 하루 이틀은 통성명과 어느 회사에서 일한다는 간단한 인사말만 하고 난 뒤, 사적인 가족 이야기 외에는 별로 사업 이야기를 나누지 않았다.

3일째 되는 날 뒤늦게 여행에 합류한 기코망 미주 사장 게이토가 찾아왔다. 이때 명함을 주고받는 자리에서 우리들도 서로 명함을 주고받으며 그제야 신분을 확인했다. 그러나 우리는 이미 며칠 동안의 대화를 통해 알고 있었다. 데이비드는 자식이 아홉이나 되고 다른 데이비드 아들은 엘비스 춤으로 유튜브에서 영웅이며, 샤린은 육십 초반임에도 멋지게 춤을 추고 사케를 무지 좋아한다는 사실, 윌리엄이 식사 중 테이블에 올라온 포도주에 대해 우연히 알은체를 하다가 캘리포니아 나파밸리에 9만 평짜리 와이너리를 가지고 있다는 사실을 고백한 뒤 명함을 하나씩 다 걷어가더니 포도주 한 박스씩을 모두에게 보내주겠다며 호기를 부린 것이 전부였다.

포도주를 공짜로 보내준다는 말에 우리의 환호가 이어지자 사실 자기 농장의 자랑은 포도주가 아니라 게스트하우스라며 놀러 오면 얼마든지 묵다 가라며 술 마신 기분을 나타냈다. 자기는 마약 장사꾼 같아서 처음 포도주는 공짜이지만 다음해부터는 사먹어야 한다고 말하며 웃었다. 이들 일행은 저마다 자신의 사업 규모를 자랑하거나 새 사업에 대해 은근한 투자를 요청하는 말이 없었다. 우리는 그냥 기코망에서 마련해준 공짜 여행 덕분으로 오랜만에 컴퓨터와 이메일을 밀어두고 편안히 놀기만 했다.

나는 그들이 그들의 사업체 안에서는 작게는 수백 명에서 많게는 수만 명의 직원들에게 강력한 군주와 같이 행동하며 정중한 대우와 대접을 받는 데 매우 익숙하리라는 것은 짐작한다. 그러나 그들이 사회 밖으로 나가서도 그럴 것이라는 짐작을 잠시나마 했던 것이 우스웠다. 이들은 지극히 자연스럽고 평범한 시민이요, 그냥 돈이 많은 개인일 뿐이었다. 이들에게 재산이 많다는 것은 한 인간이 가진

160

여러 재능 중 하나일 뿐 그것이 한 인간의 전부가 아니라는 것을 나에게 가르쳐주었다.

나는 남에게서 월급을 한번도 받아보지 않은 채 평생 사장으로 살아왔다. 성공과 실패를 거듭하고 나서 이제 그럴 듯한 중견기업으로 회사를 키워내 한창 성장하며 조금씩 이름을 알려가는 중이다. 이들은 나와 달리 자신들의 회사 이름을 일반 미국인들 대부분이 알고 있으며 사업적으로도 완숙한 경지에 오른 상태다. 그런 그들에게 한국인 특유의 호기를 부려 나도 올해 오픈 준비 중인 매장이 다 끝나면 페이웨이를 넘어설 것이며, 내후년이면 40년 걸쳐 완성한 앤드류의 판다익스프레스 왕국을 넘어설 것이라고 자랑하지 않은 것이 얼마나 다행인지 모른다. 이 거물 기업인들과의 여행에 앞서 차림새로나마 지지 않으려고 명품구두를 신고 시계를 차고 갈까 했던 생각이 우습기만 했다.

세 가지 문장으로 6000억 시장을 뚫는다

4

2012년 4월 27일, 피닉스 인근의 한 도시에 새로 오픈한 매장을 살펴보던 중이었다.

"혹시 당신이 Jim Kim입니까?"

낯선 중년 부부가 내 뒤에 서서 묻는다. 반쯤 몸을 숨긴 자세로 이번에 새로 오픈한 매장 주변을 서성이던 참이었다. 화들짝 놀란 나는 "예, 맞습니다. 어떻게 저를 아시죠?" 하고 되물었다.

미국인 중년 부부가 그럴 줄 알았다며 자기들끼리 나누던 이야기를 하며 반갑게 악수를 청한다. 내 행동이 직원들 감시하는 사장같아 보였다는 것이었다. 절반은 맞았다. 나는 직원들을 감시하는 것이 아니었고, 다만 내가 나타나면 부담스러워할 것 같아 숨어서 조용히 새 매장의 고객 반응을 지켜보던 중이었으니. 이 매장의 고객이 일반 슈퍼마켓 고객의 구매행동 패턴을 보이는지, 그리고 여섯 가지 메뉴로도 예상 매출이 정상적으로 나오는지 무척 궁금했기 때문에 며칠째 이곳에 머물고 있었다.

애리조나 주의 피닉스 주변 부유층 도시인 마리코파 시에서 생면부지의 이들 부부가 나를 알아보는 이유는 새로이 이 지역 업체와 사업을 사면서 내건 회사 이름에서 내 이름이 적힌 간판을 보았기 때문이란다. "와우! 어떻게 이렇게 큰 업체와 사업을 하게 됐죠? 부럽네요. 이런 매장이 몇 개나 있나요? 이런 사업은 어렵지 않나요?" 그들도 회사를 운영하는지라 부러움과 호기심을 가지고 대답도 듣기 전에 연거푸 질문을 해댔다.

이 부부의 질문에 답을 하려면 3년 전으로 거슬러 올라가야 한다. 당시 우리 회사의 매출 구조는 한 회사에 너무 집중되어 있었다. 한 업체에 대한 의존도가 80%를 넘으니 잘나가면서도 여전히 불안감을 감출 수 없었다. 거래처를 다각화하는 것이 무척 절실했다. 그 무렵 이 회사는 회원제 창고식 양판점으로 질 좋은 제품을 바탕으로 고객들의 호평을 등에 업고 경쟁자를 위협하면서 발전 속도를 이어가던 중이었다. 이들이 일반 중류층 이상의 백인 지역을 중심으로 품질 위주로 시장을 장악해가는 모습은 매우 인상적이었다. 2011년, 그들은 미국 내 수백 개의 매장을 중심으로 연간 800억 달러 매출을 올리며 착실히 시장을 넓혀갔다. 이 회사의 경우 일반 식품점

개별 매장 매출의 6~10배에 이르는 막대한 판매력을 자랑했다. 도심지 안에 들어와 있으면서도 간단한 시설물과 단순명료한 통로 구조를 통해 모든 상품이 골든 존에 들어온 것처럼 보이도록 진열해놓았다. 또한 품질을 앞세우되 저렴한 가격이라는 이미지, 즉 양질의 제품을 싼가격에 구매할 수 있다는 인식이 고객들 사이에 자리 잡아 소비자들의 구매력이 강한 회사였다. 한마디로 이곳에서 사는 게 이익이라는 인식이 소비자들 사이에 깊이 각인되어 있었다.

이런 위치와 규모와 고객층이라면, 도시락 시장의 완벽한 블루오션이었다. 우리 회사의 매출을 다각화하는 데 이만한 시장은 어디에도 없었다. 군침이 돌았다. 정말 탐이 났다.

만약 해당 회사 전체에 신선 도시락을 공급할 경우의 판매량을 계산해보니 집에서 쓰는 계산기로는 동그라미가 모자랐다. 무려 한국 돈으로 최소 300,000,000,000원에 이르렀다. 우리의 매출 산정 방법은 그동안 매우 정교해져 어느 지역, 어느 매장에서도 90%까지 예측이 가능할 정도였다.

2011년, 우리가 프랑스 까르푸에 오픈한 매장들에서도 이와 같이 유사 매장에 준하는 매출을 올리자 우리의 예상 매출이 사실일 것이라는 확신을 갖기 시작했다. 전자제품 판매량이 타 업체보다 월등해 전체 매출에서 우리 제품이 차지하는 비율을 조금 낮게 잡았음에도 불구하고 그와 같은 예상 매출에 우리 스스로 놀라고 욕심을 버리지 못하던 차였다. 하지만 당시에는 여전히 냉동제품이 매장을 휩쓸 무렵이었다. 당시 신선식품들이 일반 식품점으로 보급되면서 소비자들 사이에서는 냉동제품의 수요가 줄고 있었으나, 양판점식 식품매장 성향에 비추어볼 때 창고 매장에서 직접 제품을 만들어 판다는 아이디어를 실현시킬 바이어가 당시에는 없었다.

나는 도시락 시장이 냉동에서 신선 시장으로 옮겨갈 것이라는 판단이 들었다. 냉동제품에 대한 거부감이 점차 커지자 신선제품에 대한 수요 압력을 이기지 못하는 바이어가 언젠가는 우리를 부를 날이 있을 것으로 확신하면서, 우리 이름이 생각나도록 알리는 것이 전부였다. 더불어 할 수 있는 일이라고는 출근길에 근처 매장에 매일 들러 '마법의 주문'을 외우고 흘린 침을 닦는 것이 고작이었다.

그러던 중 2년이 지난 어느 날 이상한 소문이 들렸다. 우리 회사로서는 이 문제로 그 회사의 사무실 문턱조차 넘어보지 못했는데, 어느 작은 회사가 그곳에서 로드쇼를 진행한다는 소문이 난 것이다. 엉덩이를 불에 댄 개처럼 깜짝 놀란 나는 당시 막 입사해서 훈련을 받고 있던 마케팅 담당자를 불러 첫 번째 임무를 주었다.

"당신의 첫 번째 임무는 우리 회사의 크로거^{Kroger}에 대한 의존도를 줄이는 일입니다. 가서 이 회사를 물어 옵시다." 이 거물을 잡기 위해 입사 한 달도 채 안된 신입직원을 골랐다. 그에게 처음 교육시킨 것은 우선 마케팅 용어를 정리하는 일이었다.

당시 그들은 미국 전역을 여섯 개의 지역으로 나누어 각각 독립적으로 움직이고 있었다. 그 사이 일부 디비전에서는 신선제품에 대한 수요 압력을 이기지 못해 지역 요리사 또는 로컬 식당 주인에게 제품을 만들어보도록 했지만 번번이 실패를 해오던 참이었다. 최종적으로 나온 방안이라는 것이 공장에서 일일 단위로 납품을 받는 형태였다. 유효기간 일주일짜리 냉동제품을 유효기간 이틀짜리로 만들어보려고 했던 것이다.

우리는 먼저 신선, 즉 'fresh'라는 단어를 우리 맘대로 정의했다. 우리 회사의 정의에 따르면 신선제품은 '매장 안에서 손님들이 보는 앞에서 만드는 제품'만을 신선제품이라고 부를 수 있었다. 이건 순전히 우리만의 정의였다. '배달된 제품이나 공장에서 만든 제품은 신선제품이라 부를 수 없다'라고 우리 스스로 정의를 내렸다. 이는 같은 포도주라도 특정 지역에서 생산된 포도주만 샴페인이라고 부르기로 한 것과 같은 이치였다. 또한 우리는 사업에 대해서도 음식 사업이 아니라 '쇼비즈니스'라고 명명했다. 직접 만드는 모습 자체를 보여주는 것이 쇼이며, 이를 통해 신선도를 증명하고 제품의 이미지를 확보할 수 있다고 자신했기 때문이다. 그리고 이렇게 손님들 앞에서 제품을 만드는 시스템을 가진 회사를 '풀서비스 도시락 컴퍼니'라고 이름 지었다. 이렇게 나는 우리의 상품과 우리의 서비스와 우리의 사업을 규정지은 우리만의 용어를 쥐어주고 조엘 스타크 Joel Stark 에게 가서 그들을 잡아 오라고 명령을 내렸다.

스타크는 미국 공군 출신 미국인으로 공군부대 대변인을 역임한 퇴역 장교였다. 불경기 탓에 퇴역 후 제대로 된 직장을 잡지 못하고 임시교사와 잡화점 계산원을 전전하다가 주말에는 밴드에 맞춰 노래를 부르면서 아들 하나를 키우는 이혼남이었다. 우리 회사의 간부직원이 어느 날 이 잡화점에 들렀다가 성실히 일하는 그를 보고 입

사면접에 초청을 했고, 그는 당당히 면접을 통과해 함께 일을 하게 된 것이었다. 그는 웃음 많고 말 많은 중년 사내였다. 화술에 재주가 많았는데, 한국에서도 근무한 경험이 있어 한국말도 곧잘 했다.

3년 전까지만 해도 그렇게 무심하던 그들이 변화된 시장 분위기와 스타크의 말솜씨, 그리고 우리가 명명한 단어와 문장 앞에 힘없이 무너졌다. 불과 한 달도 채 지나지 않아 미팅이 연이어 잡히고 다음 달엔 샘플을 만들어 보여주고 사업자 등록을 마치고 바코드가 입력되고 입점이 결정되었다. 모든 것이 일사천리였다.

특히, 새로운 용어의 워딩파워는 강력했다. 스타크는 그들에게 물었다. "당신 회사에 프레시 도시락이 있느냐?" 그들은 있다고 말했다. 스타크는 훈련받은 대로 다시 물었다. "당신이 말하는 프레시 도시락이라는 것이 공장에서 배달되어 오는 거냐? 그렇다면 프레시라 부를 수 없다." 그들은 매일 아침 배달되어 온다면서 은근히 예전에 팔던 공장 도시락과는 다른 제품이라고 설명했다. 그는 더 날카로운 칼을 들이밀었다. "그런데 그 사실을 소비자가 아는가?" 그들은 답변을 머뭇거렸다. "일단 어디서든지 배달되어 온다면 프레시 제품이라 부르면 안 된다. 프레시란 손님 눈앞에서 만들어진 것에 한해서 그렇게 부를 수 있는 것이다."

그들은 무너지기 시작했다. "그렇다면 당신들은 무얼 하고 싶다는 것인가?" 이제 그들이 우리에게 물었다. 우리는 풀서비스 도시락 시스템을 설명했다. 그리고 이 비즈니스는 쇼비즈니스라는 것도 설명했다. 이런 사업 방식이야말로 매출의 극대화를 가져온다는 온갖 자료와 통계를 들먹이니 이제 그들도 우리의 사업을 이해하기 시작했다. 명확한 단어 몇 개가 그들의 눈을 열게 해주었다. 그리고 그들은 우리가 허풍을 떠는 게 아닌지 시험해보고 싶어졌다. 테스트 후보로 선정된 몇몇 매장을 둘러보니 월간 매출 예상액이 4평 크기에서 무려 20만~30만 달러(2억~3억 원) 사이를 오갔다. 이 액수는 우리 직원들조차 믿지 못할 만큼 큰 것이었다. 이 정도의 규모는 카지노나 공항 매장 같은 독점적인 매장에서도 불가능한 매출이었다. 이런 매출을 올릴 만한 공항 하나만 있어도 죽기 살기로 덤빌 판인데, 그들은 그런 매장을 수백 개나 넘게 가지고 있었다. 물론 그들은 그걸 몰랐다.

나는 여전히 조금은 반신반의하는 우리 직원들을 설득하여 첫 테스트 매장으로 선정된 마리코파 지역 매장 오픈에 월 20만 달러 이상 매출에 맞추어 인원과 물품을 조달토록 지시했다. 상대방에서는 4만 달러 정도면 대박이라 생각하고 있었지만 우리의 목표치가 직원들의 실수로 알려지고 난 후엔 오히려 그들도 우리 목표를 떠벌리며 공을 가로채려 하고 있었다. 공이야 아무래도 상관없었다. 우리는 엄청난 매출을 올리게 될 것이 분명했으며, 이 일을 시작으로 미국 내 업계 1위로 단숨에 올라서게 될 것이라는 것을 알고 있었다. 오픈 준비는 전쟁과 같았다. 사무실에서 넥타이를 매고 일하던 모든 직원들이 다들 요리사 옷을 입고 16명 임시직원들과 함께 새벽 세 시부터 저녁 늦게까지 온종일 제품을 만들어댔다.

고객들은 마치 이날을 기다렸다는 듯이 제품들을 사갔다. 그 많은 직원들이 아무리 많이 만들어도 끝이 없었다. 우리가 준비한 진

공이야 아무래도 상관없었다. 우리는 엄청난 매출을 올리게 될 것이 분명했으며, 이 일을
시작으로 미국 내 업계 1위로 단숨에 올라서게 될 것이라는 것을 알고 있었다.

열장으로는 도저히 감당이 안 되자 매장 측에서는 제일 좋은 진열대 두 곳을 추가로 비워주었다. 하루에 600~1000명 분량의 스시를 만들어댔다. 고객 7명당 1명씩 스시를 사갔으며 그들의 전체 매출에서 1.2%를 매일 꾸준히 유지하고 있었다. 대성공이었다. 첫 주가 지난 후 매출을 보니 4만 173달러였다. 이 숫자는 마켓에서 판매된 도시락 매출 가운데 미국 내 최고액이었다. 내가 알기로는 전 세계 슈퍼마켓 도시락 단일 매장에서 판매 최고액이었을 것이다. 이틀 후 캘리포니아에서 담당자가 날아와 흥분을 감추지 못했다. 다른 디비전 사장뿐 아니라 회사의 사장도 찾아와 명함을 건네주며 꼭 연락을 달라는 다짐을 받으려 했다.

내가 매장 주변에서 며칠째 서성이는 것을 부담스러워하는 직원들을 피해 여전히 반쯤 몸을 숨기고 매장 뒤편에서 흐뭇하게 바라보는 모습을 지켜보던 손님 중 일부가 짐작을 하고 또 묻는다. "당신이 Jim Kim이요?" 이번엔 할머니다. "네 그렇습니다. 어떻게 아셨어요?"

"호호~ 알 수 있는 방법이 있지요. 호호호" 나는 '프레시' 라는 단어 하나가 수천억 원짜리 사업으로 변해가는 과정을 뒤로하고 할머니에게 붙들려 나갔다. 아들에게 사업체를 물려준 뒤에 휴가를 보내며 삶을 즐기는 전직 사업가 할머니의 전설을 들어주기 위해 함께 자리를 빠져나왔다. 걸음을 옮기며 할머니는 내게 물었다.

"그런데 어떻게 이 회사를 잡았수? 나도 여기다 양초를 팔아보려고 별짓을 다했다우. 비결이 뭐유? 우리 아들놈에게 좀 가르쳐주려고 그러우."

그 호기심 어린 눈을 보며 차마 "세 가지 단어를 새로 규정지었을 뿐인데요"라고 말할 자신이 없어 그냥 운이 좋았다고 말하고 말았다. 틀린 말도 아니었기 때문이다. 좋은 직원, 유능한 셰프들, 그리고 식품 문화의 변화, 강력한 판매망을 가진 회사, 그 사이 근사한 중견 회사로 자란 우리 회사, 이 모든 것이 만나는 현장에 세 가지 단어인 fresh, show bussiness, full service를 무기로 주고 스타크를 보낸 것뿐이었다. 새 사업을 일으키려면 용어를 먼저 규정하고 선점하는 것이 얼마나 중요한지 새삼 알리고 싶을 뿐이다.

Reader's Digest

날 수 있는 자는 걷는 자들에게 날개를 떼어주기보다는 그들이 함께 날 수 있도록 도와줘야 한다. 배를 가진 선주는 고기잡이가 끝나면 선장과 선원들에게 각자의 역할에 따라 비율을 정해 고기를 나누어준다. 비록 비율은 달라도 만선으로 돌아오면 전체의 파이가 커져 배분도 많아지는 것이다. 나는 직원들이 월급보다 더 많은 배당금을 가져가길 바란다. 탐욕이야말로 결코 늙지 않는 유일한 열정이다. 나는 직원들이 적절한 탐욕과 나를 이용해 자신의 사업체를 운영하듯이 열정적으로 일하기를 바란다.

— 『김밥 파는 CEO』 중에서(김승호 지음, 2010)

수위실, 화장실, 사장실, 그리고 주주정책

5

나는 지난 2년 동안 미국에 가발원사를 제조해 수출하는 한국의 상장기업 우노앤컴퍼니의 주식을 매입해왔다. 장부상으로 들여다본 회사는 자본력과 기술이 좋은데도 불구하고 매혹적으로 저평가되어 있었다. 회사를 직접 방문해보기로 했다. 숫자상으로 살펴본 회사가 실제 가치가 있는지를 평가하는 나만의 기준은 독특하다.

주식을 매입하기 위해 회사를 방문하면 사장실에 가기 전에 반드시 두 군데를 들른다. 수위실과 화장실이다. 수위실에 앉아 캔커피 한잔 나눠 먹다 보면 작년보다 물동량이 늘었는지, 직원들이 늘었는지 가장 쉽게 알 수 있다. 사장이 제대로 출근하는지 간부들은 성실한지도 알 수 있다. 그 회사가 성장하는 회사라면 그 기운을 수위실에서 가장 잘 느끼고 있기 때문이다. 그런데 이 회사는 수위실이 없었다. 그렇다면 두 번째로 가는 곳은 화장실이다. 화장실은 그 회사가 관리되는 마지막 부서다. 만약 화장실이 지저분하다면 그 회사는 지금 제대로 통제되지 않는다는 뜻이다. 휴지는 바닥에 떨어져 있고 수도꼭지는 지저분하고 거울에 비누 거품이 가득한 화장실은 그 회사가 지금 어떤 상태로 관리되는지를 여실히 보여준다. 업무체계가 확실하고 규칙과 규정이 잘 지켜지고 직원들이 성실히 일하는 조직은 화장실이 절대 더럽지 않다.

이 회사의 화장실은 깨끗했다. 벽에 걸린 수건은 정갈했고 매 시간 관리를 받고 있음을 잘 알 수 있었다. 이 정도만 살펴보아도 이 회사가 발표하는 연간 사업보고서가 얼마나 신용이 있는지 짐작할 수 있다.

마지막으로 들르는 곳은 사장실이다. 사장실은 그 회사의 대표가 어떤 성향을 가지고 있는지 짐작하게 해준다. 허세가 많고 사업 외에 다른 데 관심이 더 많은 사장들은 벽면에 상장, 위촉장, 상패, 기념패, 감사패 등으로 가득 채우기 마련이다. 그도 모자라면 책상 위에 즐비하게 뭔가 늘어져 있다. 그리고 두툼한 카펫에 골프채가 한쪽으로 기울어져 있기 마련이다. 이런 사람들은 명함도 여럿이고 직책도 다양하다. 동창회나 이런저런 협회에 이사나 회장이라는 타이틀을 가지고 있다.

내가 이런 유치한(?) 방법을 투자 여부의 판단기준으로 적용하는

이유는 간단하다. 나는 단순한 주식 투자가가 아니다. 나는 단기상
승에 동조하여 투기적인 형태로 돈을 버는 것에 관심이 없다. 그동
안 내 경험으로 그렇게 벌어들인 돈은 언제나 더 쉽게 날아갔기 때
문이다. 내가 주식을 사는 이유는 그 회사를 갖고 싶기 때문이다. 그
리고 회사를 갖는 것은 주식을 시장에서 매입해야 가능하기 때문이
다. 작은 식당 하나를 매입하더라도 매장을 방문하고 재고를 확인하
고 시설물의 상태를 확인하는 사람들이, 주식을 살 때는 신문 기사
만 보고 당장 모니터 앞으로 달려간다. 포장지 안에 무엇이 들어 있
는지도 모르는 박스를 설명만 듣고 사는 꼴이다. 그것은 투자가 아
니라 투기다.

다행이었다. 내가 방문한 이 회사는 사장님도 격의 없이 소탈했
다. 카펫은 두툼하지도 않았고 허세로 받아들일 만한 상패도 없었고
벽은 제품 견본들로 꾸며져 있었다. 전형적으로 일을 좋아하는 사장
이었다. 동석한 직원이 "우리 사장님은 출장 후에 남은 출장비를 꼭
반납하신다"는 말에 기분이 좋아졌다. 저런 양반이라면 더 뭘 바라
겠는가?

회사 방문 후 계속 시장에서 지분을 늘려 몇 차례 공시를 걸치니
어느새 1대주주가 되어 있었다. 주가는 기대만치 오르지 않았어도
실망하거나 겁이 나지 않았다. 정말 아름답게 자랄 미래의 미녀가
아직 소녀일 때 그녀로부터 '오빠' 소리를 들으며 친해져야 할 시간
이 더 많이 남아 있다고 생각할 뿐이었다. 그 회사의 내재된 가치는
변한 것이 아무것도 없었기 때문이다. 나는 이 회사가 언젠가 제대

로 된 평가를 받는 날이 올 것이라는 사실을 알기에 오래된 친구마 냥 여유롭게 지켜보고 있었다.

그런데 시장은 그렇게 생각하지 않았다. 외국자본의 적대적 인수 합병의 초기 작업이 아닌가 하는 의심을 꾸준히 받았다. 2014년 주 총에 가기 전부터 경영자보다 더 지분이 많은 대주주의 행보가 주목 을 받았다. 신일산업의 경영권 분쟁과 비교되며 추측기사가 실리기 시작했다. 주총 이후 돌아오는 고속도로에서 검색해보니 주총에 와 보지도 않은 기자가 쓴 기사들이 그새 올라오기도 했다. 아마 경영 에 참여하겠다고 공시를 내보낸 것이 빌미가 되었는지 모른다. 그러 나 내가 그 회사 경영에 참여하겠다는 의도는 대주주의 당연한 권리 로서 경영권의 간섭이 아닌 '경영협조' 목적을 띠고 있었다. 하지만 한국 증권시장에서는 그동안 1대주주의 경영 참여는 대부분 경영권 확보를 목적으로 해왔기에 나의 의도는 다분히 예외로 볼 수 없는 입장이었다.

나는 미국에서 사업을 하는 사람이다. 내가 받은 교육에 따르면 주주로 이루어진 회사의 주인은 주주들이다. 회사의 대표가 아니다. 이는 나라의 주인이 위정자가 아니라 국민이라는 것과 같은 이치다. 설령 내가 99% 주식을 가지고 있고 친구가 1% 주식을 가지고 있더 라도 절대 회사 카드로 개인 밥값을 지불하면 안 된다. 그 밥값의 1%는 내 돈이 아니기 때문이다. 주식회사라는 용어 자체가 주주들 이 주인이란 뜻이다. 당연히 경영자가 주식을 공개하고 상장을 했다 면 이를 받아들여야 한다. 하지만 한국의 많은 경영자들은 주주들을 이자 없이 돈 빌려주는 뜨내기 정도로 인식하는 경우가 많다. 특히 단기 투자가들의 경우에는 아예 주주로 인식하지 않는 경우도 있다. 하지만 그 단기투자가조차 그 회사가 창업 때부터 생겨난 오래된 주식을 가진 오너의 일원이다. 장기투자가는 말할 것도 없다.

나는 한국증시에 상장되어 있는 회사 대표들이 합리적인 '주주정책'에 관심을 갖도록 하고 싶었다. "경영은 당신이 해라. 하지만 주주들을 위해서 일하라" 하는 명확한 메시지를 전달하기 위해 경영참여를 공시했으나, 여전히 회사 내부적으로 혹은 경제부 기자들을 통해 의혹을 받고 있는 상황이다. 내가 보내는 익숙지 않은 메시지가 신용을 얻으려면 좀 더 오래 잠잠히 기다려야 할지도 모른다. 다행히 해당 회사와는 조금씩 이해의 폭을 넓혀 불경기임에도 불구하고 수차례에 걸쳐 잉여현금을 배당하고 자사주매입을 통해 주주들의 소원인 배당과 주가부양에 힘을 쓰고 있다.

나는 여러 사람의 권리를 이양받아 그 권한을 행사하는 모든 직책의 사람들, 즉 정치가나 사업가 모두가 공공과 조직원의 이익을 위해 자신의 결정을 사용할 수 있기를 꿈꾸고 요구한다. 힘없고 연약한 한 사람의 국민이나 열심히 일해 작은 월급을 아껴 단 몇 주라도 주식을 매입한 소액주주들도 당당히 한 국민이고 주주다. 내 투표권은 그런 사람들을 찾아내어 사용할 것이고 내 지분도 그런 일을 하는 경영자들을 찾아 도와주고 싶다. 이 당연한 요구가 계속 의심을 받는 것이 안타까워 한마디 해본다.

바로
뒷사람 전략

6

특정 사업을 시작하는 계기는 크게 두 가지다. 주변에서 보니 요즘 잘나가는 것 같으니 시작하는 것과, 앞으로 이런 아이템이 잘될 것 같으니 시작하는 경우다. 전자의 경우는 비교적 안전해 보이나 곧바로 경쟁이 심화되어 수익률이 떨어지고 막차를 타고 내리막길로 사라지는 경우가 많다. 후자의 경우는 대부분 실험적 사업들로서 성공하면 업계에서 주도권을 가지고 대박이 나지만 대부분 상처만 안고 자멸해버리기 마련이다. 이도저도 위험하다. 그런데 이 위험을 분산하는 방법이 있다. 이것이 바로 뒷사람 전략이다.

간혹 밀림을 헤치고 무리지어 이동하면서 열매를 따며 사냥을 하는 프로그램을 보면 제일 앞사람이 정글도를 휘두르며 앞서나간다. 가장 앞서는 사람은 용기와 직감적인 판단력이 강하다. 식량이 있을 만한 곳을 예측하여 길을 헤치며 나아간다. 그런데 온몸은 상처투성이다. 독초나 뱀, 독충을 살피는 바람에 열매 하나 제대로 찾지 못한다. 그를 바로 뒤따라가는 사람은 한결 여유로워 주변을 살피며 먹을 만한 과일을 찾는다. 세 번째 사람은 앞선 사람이 열매를 다 가져가서 소문과 달리 별로 먹을 것이 없다.

정글도를 휘두르는 첫 번째 사람은 대부분 선구자다. 상당히 영리하며 행동파다. 나름대로 미래를 예측하여 길을 내는 것을 두려워하지 않는다. 이들이 이런 영리함에도 불구하고 사업 세계에서 사라지는 이유는 다시 몇 가지로 나뉜다. 그 첫 번째는 자본력이다. 장비도 제대로 갖추지 않고 밀림에 들어선 꼴이다. 신발은 뱀의 이빨을 막을 만큼 튼튼하지 않고, 반바지에 반팔로 노출된 피부는 날카로운 잎사귀들에 거칠게 잘려 나간다. 물도 충분치 않아 갈증을 이기지 못한다. 충분한 자본이 모이지 않은 상태에서 새 아이디어에 대한 믿음만이 너무 강했기에 목적지가 얼마나 멀리 떨어져 있는지를 생각하지 못한 것이다. 또 다른 한 가지 이유는 시장이 이런 아이디어를 받아들이기엔 너무 이르기 때문이다. 마치 이제야 꽃이 피는 봄인데 꽃만 보고 여름 과일이 있을 것으로 생각한 것이다.

앞사람의 이런 실패가 자본력과 시장판단 미숙이라고 판명되는 아이디어라면 언제나 도전해볼 만하다. 설령 앞사람이 성공했더라도 '바로 뒷사람 전략'은 여전히 상당히 유용하다. 앞사람의 주머니가 작거나 열매가 너무 많아서 바로 뒷사람도 충분히 재미를 볼 수도 있기 때문이다. 사실 막강한 자본력과 정보력을 바탕으로 무지막지하게 새롭게 시작하는 비즈니스는 현실 세계에서 거의 없다. 지금의 대기업이나 현재 잘나가는 대부분의 사업체들은 이 '바로 뒷사람 전략'을 현명하게 이용해 성장한 것이다. 개인들이나 소규모 사업들은, 누군가 정글도를 휘두르는 사이에 커다란 바구니나 트럭을 끌고 뒤따라온 것이 대부분이다.

나는 도시락 제품들을 처음 미국 슈퍼마켓에 팔기 위해 눈물 나는 편견과 싸우며 나아가다 쓰러져간 회사들 뒤를 따라가다 지금의 사업을 만들었다. 그들은 판매대에 도시락 한 개를 더 진열하기 위해 샌드위치 회사들과 아침마다 자리싸움을 했으며, 날생선이 들어간 혐오식품이란 소리를 들으면서 시장과 싸우다 사라졌다. 운이 좋게도 나는 바로 그 뒤에 서 있었다. 2년만 늦었더라도 우리 차지는 없었다. 당시에는 동네 식당 주인도 이 사업 아이디어에 진입할 만큼 허술했지만 지금은 전국적인 시스템을 갖춘 회사여야 살아남게 되어 더 이상 시장 진입이 불가능하기 때문이다.

운동은 1등의 우승자만 기억한다. 2등이나 3등은 16등처럼 차이가 없다. 그러나 사업은 운동시합과 달리 살아남은 자가 승자다. 살아남은 자가 1등이다. 그러니 내게 선구자적인 혜안이 없음을 탓하지 말고 누가 선구자인지 찾는 2인자 능력도 갖추기 바란다.

변방에서 반란이냐, 수도에서 혁명이냐

7

당신은 지금 서기 200년경 후한시대의 중국에 살고 있다. 그리고 나라를 세워 왕이 되기로 마음먹었다고 가정하자. 명분도 있고 동료도 모았다.

이제 왕이 되는 전술적 방법은 두 가지다. 변방에서 왕이 모르게 세력을 키워가며 조금씩 영토를 확장해나가다가 정부군과 맞설 정도로 명분과 지지를 얻으면 그때 전면전을 벌여 나라를 차지하는 방법이 하나 있다. 또 다른 방법은 왕이 사는 수도에서 한날 갑자기 혁명을 일으켜 하루아침에 정권을 빼앗는 경우다. 전자와 같이 변방에서 반란을 통해 수도를 점령하는 것은 세력이 약한 신흥 권력가가 사용하는 방법이다. 후자와 같이 수도에서 혁명을 꾀하는 것은 기존 중심 세력 안에 이미 들어와 있는 권력자들이 사용하는 방법이다.

사업도 이와 유사한 형태를 지닌다. 자본이 없는 사업가가 기존에 왕성하게 펼쳐나가는 사업 패러다임 속으로 들어가 경쟁하기 위해서는 지방이나 변두리에서 먼저 자리를 확고하게 잡아야 한다. 그러고 나서 서울의 강남이나 뉴욕의 맨해튼 같은 중심지로 들어온다. 반면, 자본도 넉넉하고 혁신적인 새로운 비즈니스들은 수도의 최중심부에서 성공해서 주변 위성도시와 지방으로 뻗어간다.

나는 슈퍼마켓 도시락 사업을 기존의 최대 시장이었던 뉴욕이나 로스앤젤레스가 아닌 남부 휴스턴에서 시작했다. 카우보이로 유명한 동네에서 전 세계에서 가장 큰 도시락 회사를 출범시킨 것이다. 월마트가 미국 아칸소 주 서북부의 작은 도시 로저스에서 시작하여 전 세계를 장악한 것과 같은 방식이다. 우리 회사가 창업 첫 2년 동안 텍사스 주 전체를 장악해가며 세력을 키우는 동안에도 업계의 리더들은 우리를 안중에 두지 않았다. 시골 촌동네 조무래기라고 생각하며 무시했을 것이다. 그러나 2년차 말부터 미시간 주, 3년차에 오클라호마 주, 5년차에는 버지니아 주, 캐롤라이나 주, 애리조나 주, 유타 주로 경계를 넓혀갔고 인디애나 주, 켄터키 주, 오하이오 주로 연이어 확장해가며 기존 업계를 긴장시켰다.

해마다 우리는 새로운 지역에서 시장을 넓혀가며 낡은 방식을 유지하던 기존 업체들을 몽땅 딛고서 무섭게 세력을 넓혀왔다. 이후 무주공산이던 유럽 대부분의 나라를 같은 방식으로 집어 삼켰으며 호주도 발을 디뎠다. 경쟁업체들은 수세에 몰렸고 합병을 요구하거나 신경질을 부렸다. 변방에서의 반란 작전이 멋지게 성공한 것이었다. 경쟁업체들은 우리 회사에 발목을 잡혀 자신들의 수도에서 수세적인 비즈니스에 몰두하고 있다. 자신들의 위치를 유지하는 데만도 감사할 상황이 된 것이다.

이 사업 카테고리는 지난 20여 년 전에 시작되어 이제 성장기에 들어섰다. 현재 미국 전체 시장 규모는 연간 1조 원(10억 U.S. 달러) 정도다. 나는 이번에는 우리 회사를 포함하는 해당 업종 전체를 상대로 내부 혁명을 시작했다. 현재의 대도시 중심가의 사업용 부동산 임대료는 시장경제와 상관없이 해마다 오르고 있다. 대기업이 플래그숍으로 오픈하는 홍보용 매장을 제외하고는 이렇듯 과중한 임대료를 지불하며 살아남을 업종이 별로 없다. 커피숍이 그중 상대적으로 높은 마진율과 테이블 회전율을 무기로 살아남았지만 일본 도쿄의 예에서 보듯이 이젠 더 이상 유지할 수 없으리라 본다.

나는 2년 전부터 대한민국의 메인 상권에서 커피숍은 더 이상 살아남지 못할 것이라고 계속 업계 사람들에게 경고해왔다. 커피 가격은 더 이상 올릴 수 없음에도 상가 임대료는 해마다 지속적으로 오르기 때문이다. 커피 매장은 2차 상권으로 물러나고 합리적 가격을 제시하는 업체로 대체될 것이다. 그럼 누가 그 주요 상권 자리를 차지하게 될 것인가? 과연 커피숍보다 테이블 회전율이 빠른 업종이 있을까? 답은 런던에서 찾았다.

런던에는 몇 년 전부터 식당도 아니고 딱히 편의점도 아닌 업종

요즘 우리 회사는 전 세계 매장을 통해 하루에 10만여 개의 도시락을 판매한다. 이제 우리의 경쟁자는 우리 자신이다. 우리는 하루 40만 개 이상의 도시락을 판매할 목표를 가지고 '세상에서 제일 큰 그랩앤고 회사'가 되기 위해 이미 출사표를 던졌다.

이 서서히 들어서고 있었다. 이런 업종들은 세계 최고의 런던 임대료를 지불해가면서도 점차 그 영역을 넓혀가는 추세다. 개별 매장 하나하나가 실제 이익을 내고 있었다. 나는 이런 사업 방식에 식품 유통산업 중에서 새로운 카테고리를 부여하여 '그랩앤고grab & go'라고 부르기 시작했다.

그랩앤고란 식당이긴 식당인데 주문을 받지 않는 식당이다. 모든 것은 현장의 고객 눈앞에서 만들어지지만 바로 셸브에 진열된다. 그러니 편의점의 판매 방식을 따른다. 식당과 편의점의 복합체인 셈이다. 고객은 진열된 완성품을 가져가거나 내부에서 간단히 먹을 수 있도록 되어 있다. 우리 회사는 2년 전부터 이런 모델을 미국 내 주요 도시에서 런칭시켰다. 올해 서울과 뉴욕 맨해튼 등에서도 고밀도 다점포 방식을 통해 수십 개의 매장이 오픈했고, 또한 추가로 오픈이 이루어지고 있다. 그동안 백화점이나 슈퍼마켓을 통해 독점적 보호 아래 성장해온 매장들을 야생의 정글에 풀어놓는 작업이다.

이 작업은 업계로서는 내부 혁명이다. 이 혁명이 성공하면 업계는 5년 안에 연간 3조 원 시장으로 확대될 것이다. 그리고 이 혁명을 주도한 우리 회사는 새 사업을 통해서만도 1조 원 이상의 추가 매출을 확보할 것으로 보인다. 경쟁자들을 멀찌감치 따돌릴 수 있다면 70% 점유율로 2조 원 이상의 독점적 시장도 가능하다. 사업 세계의 변방에서 반란을 성공시키고 성숙한 사업영역에서 또다시 친위혁명을 통해 시장 선두주자를 계속 유지토록 하는 작전이다.

때때로 사업은 정치세계와 너무나도 유사하다. 대외적 명분이 있어야 하며 동료들을 규합시키고 군수물자를 확보하고 장수들을 모아오고 병사들을 훈련시켜야 한다. 소비자 흐름을 이해하면서 시대의 흐름을 살펴 개별 전술과 전략을 준비하여 전쟁을 치러야 한다. 유비는 이렇게 해서 나라를 가졌다. 우리도 10년 전에 이 길을 떠나 식품산업에서 한 카테고리를 움켜쥐었다.

수년 전에 사무실에 써놓았던 '세상에서 제일 큰 도시락' 회사가 정말로 된 것이다. 요즘 우리 회사는 전 세계 매장을 통해 하루에 10만여 개의 도시락을 판매한다. 이제 우리의 경쟁자는 우리 자신이다. 우리는 하루 40만 개 이상의 도시락을 판매할 목표를 가지고 '세상에서 제일 큰 그랩앤고 회사'가 되기 위해 이미 출사표를 던졌다. 우리는 한 나라를 바꿨고 바꾼 나라의 국경을 넓히는 중이다. 국경이 다 정비되면 다른 나라와 전쟁을 할 것인가? 그렇게 되리라 본다. 사업은 자전거를 타는 것과 같아서 지속 성장이 없으면 쓰러지기 때문이다.

사업이 커질 때
조심해야할 일

8

사업이 자리를 잡아 커지기 시작하고 직원들이 공채로 들어오기 시
작하면 대부분의 사장들이 겪는 일이 있다. 이런 경험을 한다는 것
은 사업의 자연스러운 경로이며, 어차피 정상에 가기 위해 넘어야
할 산이다. 나는 당신이 정상에 가기 전에 몇 가지 계곡과 낭떠러지
가 있음을 미리 알려주려 한다. 이 길은 가본 사람들은 다 알지만,
이 길을 걷다가 수많은 사람들이 고통을 겪었고 상처를 입었고 일부
는 결국 견디지 못하고 돌아갔다. 이런 계곡은 보통 직원들이 열 명
이 넘기 시작하면 나타난다. 열 명이라는 숫자는 사장이 직접 명령
을 내릴 수 있는 사람들 숫자의 한계다. 직원 숫자가 열 명이 넘어가

면서부터는 사장의 직접 지시를 받지 않고 관리자를 통해 지시를 받는 사람들이 늘어난다.

첫 번째 계곡은 친구들이다. 사업 초기에는 잘되라고 응원도 하고 마음껏 격려도 한다. 그러나 사업이 점점 커져서 그 친구들과 격차가 벌어지기 시작하면 친구들 중에 이탈자가 생긴다. 요즘 건방져졌다, 또는 잘나가니 위세를 부린다는 말부터 술값은 너가 내라, 하는 식의 견제가 들어온다. 이런 질투는 친구들뿐만이 아니라 가족이나 친척들에게서도 들어온다. 그래도 다행인 것은 이런 질투들은 당신의 사업이 그들이 도저히 넘보지 못할 만큼 커지면 저절로 사라진다는 사실이다. 백섬 농부는 질투를 받아도 만섬 농부는 존경을 받기 때문이다. 하지만 여전히 돈을 빌려달라는 친구나 친척들이 늘어난다. 여기서 당신은 항상 단호해야 한다. 돈이 없어서라는 말은 하지 말자. 이 말은 그들에게 핑계로 들리기 때문에 같은 요청이 결코 줄어들지 않을 것이다.

내가 가진 기준은 "돈은 줄 수 있어도 빌려주지는 않는다"라는 것이었다. 그것이 형제든 부모든 불알친구든 상관없다. 당신이 그냥 줘도 될 만한 돈이면 군소리 없이 줘라. 하지만 절대 빌려주지 않는 용기나 배짱이 필요하다. 그냥 주거나 빌려주거나 당신이 그 돈을 돌려받지 못할 확률은 똑같다. 다만 상대가 그냥 받는 돈은 빌리는 돈에 비해 상대적으로 금액이 작고 다시 달라 말하기가 민망하다. 그러나 빌려주는 돈은 갚을 것이라는 명분 아래 금액도 커지고 상황이 나빠질수록, 즉 못 돌려받을 확률이 높아질수록 재차삼차 빌려달라는 청이 이어질 것이다.

두 번째 낭떠러지는 개국공신들의 반란이다. 사업 초기에는 주변 친척들이나 아는 동생들 위주로 창업한다. 이들은 상대적으로 해당 분야에 기술이 있지는 않지만 오너가 창업할 때 열의를 가지고 참여한 사람들이다. 직책에 구분 없이 멀티플레이어로 고생들도 많이 하고 어려움도 함께 겪어온 사람들이다. 서로 마음도 잘 맞고 상사라기보다는 형님, 동생 등의 사적인 관계들로 이어져 있다. 문제는 사업이 커지면서 조직적 관리가 필요한 시점부터 시작된다. 직원이 열 명인 회사와 직원이 서른 명인 회사는 단지 숫자상으로 세 배 커진 것이 아니라 구조적으로 완전히 다른 회사다.

사장은 직원들이 스무 명, 서른 명으로 늘어나면 더 이상 주먹구구식으로 할 수가 없다. 따라서 모든 것을 서류화하고 명문화할 필요를 절실히 느낀다. 또한 회사는 점점 전문인력을 필요로 하고 교육받은 직원들로 인적 구성이 바뀌게 되면서 창업 멤버들의 수준이 상대적으로 낮아져버린다. 이를 만회하기 위해 지위를 이용하거나 텃세도 부리고 사장의 지시를 중간에서 왜곡시키거나 무시함으로써 창업 멤버의 권위를 내세우는 일이 생겨난다. 그러나 개국공신들이 잘 이해하지 못하는 일이 있다. 회사가 이미 커져버리면 개국공신 없이 회사를 이끌 수는 있어도 조직적으로 일하는 신진 직원들 없이는 회사가 더 크지 못한다는 점이다. 사장의 고민은 커져가고, 결국 회사 전체를 위해 개국공신들을 해고하거나 우대하지 않는 상황에 돌입하게 된다. 이쯤 되면 개국공신들은 자신들이 토사구팽당

한다 생각하고, 사장은 왜 그들이 시스템을 따라오지 못하고 강샘을 부리는지 이해할 수 없는 지경이 된다. 내보내려니 미안하고 가지려니 목을 조르는 계륵이 되지만, 결국은 이들을 내보내야 회사를 유지할 수 있다는 사실을 깨닫는다.

이 상황에서 반란도 일어나고 착복이나 인격적 모욕을 주고받는 일이 생기기도 한다. 결국 시스템 안으로 들어오지 못하는 개국공신은 내보내야 하는 점에는 동의한다. 새 직원들은 깍듯이 사장으로 부르며 조직 안에서 일하는데, 창업 멤버들은 형이라 부르며 사무실을 함부로 들락거리고 결재조차 무시하는 일이 반복되기 때문이다. 이는 유비가 동네 형에서 왕이 되었을 때 왜 제갈공명에게 목숨을 구걸할 지경에까지 이르렀는지 살펴보면 잘 나타난다. 형이 왕이 되면 왕으로 모셔야 하는데 창업 멤버들은 여전히 형이라 생각하기 때문에 조직을 이끌지 못하는 사람이 되어버린다.

창업 멤버가 계속 사장과 함께 성장하려면 시스템과 조직 안에서 일하는 방법을 재빨리 습득해야 한다. 그러나 대부분의 개국공신들은 개국의 공만 주장하고 계속된 발전에 의미를 두지 않기에 사장과는 숙명적으로 벼랑까지 가기 마련이다. 사장 입장에서 이들의 최대 장점은 충성심이지만 이 충성심에 교육이 따라오지 않으면 곧바로 배신으로 결과가 돌아온다. 교육만이 유일한 해결책이다. 이런 상황을 대비해서 전문교육과 관리자 교육을 시키되, 이를 받아들이면 최고의 협력자이지만 그렇지 못하면 끝내 헤어져야 한다.

세 번째 계곡은 사치다. 자리를 잡고 수입이 지출보다 많아지면 그때부터 여유가 생기기 마련이다. 이제 사장은 노동을 하지 않고 사업구상을 하거나 간단한 결재만으로 운영해나갈 수 있는 여유가 생긴다. 차도 바꾸고 집도 바꾸고 골프 친구들도 바꾼다. 사업구상을 핑계로 해외 여행도 다닌다. 벌어놓은 재산으로 집을 사고 차를 산다면 크게 문제가 없다. 그러나 체면을 이유로 현재 수입이 앞으로도 계속될 것이라는 가정하에 융자를 받기 시작하면 문제가 커진다. 이 습성은 사업이 더 커져도 사라지지 않는다. 사업이 커질수록 점점 집도 커지고 차도 비싸지기에 융자 금액도 커지기 마련이다.

무리하여 사치한다는 것은 자기 자신이 남들보다 초라하다고 생각하거나 열등의식에서 나오는 행동이다. 내가 아무리 돈을 벌어도 나보다 부자는 항상 있다. 사치로 자신의 열등감이 치유될 수는 없다. 마음껏 사치할 수 있는 사람이 사치하지 않는 것처럼 멋진 것은 없다. 단지 궁상스럽지만 않으면 된다.

네 번째 낭떠러지는 명예다. 재산을 얻으면 명예도 얻고 싶은 것이 사람이다. 그런데 재산은 벌면 되지만 명예는 쉽게 얻을 수 있는 것이 아니다. 하지만 시중에는 돈으로 살 수 있는 명예가 몇 개 있다. 동창회 회장, 향우회 회장, 각종 대학의 최고위과정 동문 회장, 동우회 회장, 협회 임원, 정부기관의 관변 조직장 등이 바로 그것이다. 일부는 대놓고 선출직 자리를 꿈꾸기도 한다. 동문 회장이나 기수 회장이라는 타이틀을 가지고 회장님 소리를 듣는 대가로 1000만 원, 2000만 원씩 찬조금을 내고 손바닥만한 감사패를 하나씩 받아다가 사무실에 늘려가는 재미로 명예를 쌓는다고 생각한다. 한쪽에서는 호구 소리를 듣지만 깍듯이 회장님이라 부르는 후배들이 예쁘기만 하다.

조금 점잖은 사람들은 유명한 사람이나 더 큰 회사 사장, 또는 국회의원, 장관들과 친분을 쌓는다. 자신과 그들이 동급이라는 착각을 하며 아랫사람들이나 친구들을 만나 허풍떨기 시작한다. 여기서부터 보통 가족과 사이가 틀어진다. 어려운 길을 함께한 가족을 방관한 채 항상 밖으로 바쁘기 때문이다. 사업을 위해 인맥을 쌓는 일이라 하지만 말과는 달리 사업은 후퇴하기 시작한다. 사장이 사업보다 외부 일에 관심을 더 갖기 때문에 직원들은 경계심을 풀어버리고 월급만 나오면 된다는 생각을 한다. 좋은 직원들은 이때부터 이직할 궁리를 시작한다. 이때 신흥 경쟁자가 자신을 거의 따라잡는 일도 발생한다.

이런 것들은 모두 사업가의 명예가 아니다. 사업가에게 가장 큰 명예란 가장이 사업을 시작하게 되어 가족들이 느꼈던 불안감을 평생 다시 느끼지 않도록 가족의 미래를 완벽하게 책임지고 그 책임을 끝까지 유지하는 것이다. 사업가의 명예란 직원들의 급여를 늦지 않게 주고 개개인을 성장시키고 사회에 더 많은 일자리를 만드는 것이다. 이것만이 사업가로서 가족과 직원, 사회로부터 받는 가장 큰 명예다. 감사패나 위촉장은 당신을 부끄럽게 한다는 사실을 깨달아야 한다.

다섯 번째 고개는 자신을 사업하는 경우다. 이 고개를 넘어야 중소기업에서 중견기업으로 올라간다. 이를 잘 유지하면 대기업으로 가기도 한다. 사업이 일정 규모를 넘어서 직원들의 이름을 다 외우지 못할 정도가 되고 상장사에 버금가는 이익을 만들기 시작하면 생기는 문제다. 이때부터 경영자는 사업을 위한 사업이 아니라 사업가들 사이에 사업가로 알려지고 싶은 욕구가 생긴다. 경쟁사보다 더 큰 사옥을 짓고 근사한 사장실을 만든다. 해외에는 지사를 만들거나 매장을 오픈한다. 상징적 의미로 회사의 성장을 표현해보고 싶은 욕구가 실익보다 앞서기 때문이다. 투자라는 명분을 앞세우고 이익이 나오지 않을 뻔한 일을 마치 앞날을 내다보는 눈이라도 가진 듯 실행한다. 명함에 홍콩지사나 미국지사 주소도 박아 넣는다. 다국적 기업의 브랜드를 단박에 이길 듯이 호기로운 신문 인터뷰도 한다. 관련 잡지에 팔짱을 끼고 부드러운 듯 위엄 있는 표지 모델로 출현도 한다. 잡지가 나오면 한 500부쯤 선물용이라는 핑계로 구매해 홍보용으로 가져다 놓지만 가족 몇몇 이외엔 막상 돌릴 만한 곳도 없어 창고 귀퉁이에 쌓아놓게 된다. 이쯤 되면 사업을 위해 일을 하는 것이 아니라 다른 사업가들과 비교우위에 서고 싶거나 친구들에게 자랑용으로 사업을 한다고 봐야 한다.

여기까지가 그의 그릇이다. 잘나가던 사업체일지라도 오너의 인터뷰 출연이 많거나 자신의 능력을 자랑키 위해 사업을 벌이는 사람들은 몇 년 후 대부분 소리 없이 사라진다. 사업은 지극히 현실이다. 이 현실에서 한 발만 잘못 나가면 사업체는 사라지고 만다. 체면이나 위세를 위해 사업을 하지 마라. 얼마나 어렵게 걸어온 길이며 얼마나 힘들게 세운 사업체인가.

이렇게 다섯 번째 벼랑, 낭떠러지와 고개를 넘고 나야 한 세대를 이어갈 사업체를 얻을 수 있다. 사업은 끊임없는 공부와 자각을 통해 성장한다. 하나의 사업체를 이루기 위해 가난과 모멸과 육체적 고생과 원형탈모를 견뎌야 했다. 그렇게 힘들게 만들어놓은 회사를 고작 사치나 감사패 때문에 날릴 수 없다. 다들 정상까지 조금 더 힘내기 바란다.

Reader's Digest

나는 이 그림에 '절대 포기하지 마라!'라는
제목을 붙였다.
황새라는 운명에 대항하기에
개구리라는 나 자신이 너무나 나약하고
무력해 보일 때가 있다.
그래도 절대 포기하지 마시라.
당신의 신념이 옳다고 생각한다면
절대로 포기하지 마시라.
운명이라는 투박한 손이
당신의 목덜미를 휘감아 치더라도
절대로 포기하지 마시라.
오늘부터 마음속에 개구리 한 마리
키우시기 바란다.

『자기경영 노트』 중에서(김승호 지음, 2010)

본사 정원에 심어놓은 과일나무의 의미

9

휴스턴 본사에는 여러 가지 과일나무가 자라고 있다. 과일나무 앞에는 나무 하나하나마다 작은 팻말이 붙어 있다. 한쪽은 귤나무가 가지런히 줄을 지어 심어져 있고, 다른 한쪽은 오와 열을 맞춰 무리지어 있다. 길게 늘어진 나무들 앞에는 손바닥만한 팻말에 직원들의 이름이 입사 연도 및 입사 순번과 함께 적혀 있다. 따로 무리지어 있는 나무에는 거래 회사의 주요 직원들 이름 밑에 '우리의 사업을 믿어주고 밀어준 분을 위하여'라고 적어 하나씩 심어놨다. 그들은 우리가 사업을 확장해나갈 때 우리를 믿고 일거리를 주거나 관련 회계사나 창업 초기에 도움을 줬던 분들이다.

뿌리를 땅에 박은 내 나무 하나가 자기가 일하는 일터에 심겨져 있다는 것은 조직의 구성원으로서 안주감과 소속감을 준다. 여전히 자라고 열매를 맺는 하나의 실체가 회사 안에 존재한다는 것은 더 없이 중요한 일체감이다.

직원들 나무에 열린 귤나무들은 연말이면 수확을 한다. 그러고 나서 귤의 크기와 수확량에 따라 직원들에게 보너스를 주고 나서, 거래처 직원들에게도 잘 포장해서 우편으로 보내준다.

이 나무들은 사옥을 마련하자마자 가장 먼저 심어졌다. 본사 근무자는 물론 지사나 해외 근무자들도 각각 자기 나무가 다 하나씩 있다. 그러다 보니 본사로 연수나 교육을 오면 다들 자기 나무가 잘 자라는지 둘러본다. 본사 직원들도 틈틈이 자기 나무가 잘 자라는지 살펴본다. 신기한 것은 그간 퇴사한 직원들의 나무에서는 열매가 많이 안 열리거나 심지어 말라 죽는다는 것이다. 하지만 회사 내에서 승진도 하고 인정을 받는 직원들은 확실히 나무가 실하고 열매나 꽃도 많이 핀다. 자기 나무와 그 개인이 알 수 없는 끈에 연결된 듯한 느낌이 든다. 남모르게 자기 나무에 오줌을 누고 가거나 비료를 몰래 가져다주는 게 아니냐는 우스갯소리가 돌기도 하지만 사실 농담이 아닐 수도 있다.

어쨌든 자기 나무에 애정을 쏟는다는 뜻은 회사에 애정이 있다는 뜻이기도 하다. 따라서 회사에 애정이 있는 사람의 나무는 다른 사람의 나무보다 잘 자라는 것이다. 그러니 열매 크기와 개수에 따라 보너스를 지불하는 방식이 그리 불합리하다고 볼 수도 없다. 하지만 무엇보다도 아름다운 것은 실체적 공동체 느낌이다. 뿌리를 땅에 박은 내 나무 하나가 자기가 일하는 일터에 심겨져 있다는 것은 조직의 구성원으로서 안주감과 소속감을 준다. 설령 퇴사하더라도 나무는 남아 있다. 여전히 자라고 열매를 맺는 하나의 실체가 회사 안에 존재한다는 것은 더 없이 중요한 일체감이다.

　나무는 상징이다. 그러나 현실적으로 존재하는 상징이다. 나는 직원 하나하나에 대해 개인적 친근감을 보여주는 것에 거리를 두는 오너다. 나는 그들이 회사를 떠나면 대부분 나를 찾지 않을 것이라는 것을 잘 안다. 이것은 애정이나 신의의 문제가 아니라 삶의 형태의 문제다. 그러므로 서운해 하지도 않고 기대하지도 않는다. 찾아오면 더없이 반갑고 연락 없으면 그대로 자연스럽기 때문이다. 하지만 나무는 언제든 회사가 있는 한 존재하기에 나도 그들을 추억하고, 그들도 열매가 익을 계절이 되면 회사나 나를 한번쯤 기억해주리라 믿는다.

　이름도 아직 외우지 못한 신입 직원 하나가 점심을 먹고 나더니 정원으로 나가 나무 하나하나에 적힌 글을 읽으며 자신의 나무를 찾아본다. 멀리서 그 모습을 보니 사장하는 보람을 느낀다.

THOUGHTS · BECOME · THINGS

사업이 망해가는
12가지 징조

10

사장에게 다음 경우가 발생하면 사업이 망해가는 징조들이다. 이런
징조들은 때때로 호황기나 사업이 성장할 때도 일어난다. 사업이 커
져가거나 심지어 줄어들어도 이런 징조가 없다면 다시 회복 가능성
이 있다. 그러나 아래 열거한 열 가지 징조가 나타나면 회사는 망해
가는 전형적인 길을 걷는 것이니 직원들은 배를 갈아탈 준비를 해야
한다.

1   **정치인이나 기자들의 도움을 받아 사업체를 키우고 싶어 할 때.** 정치인
    이나 신문기자들은 불가근불가원의 기준을 가져야 한다. 정상

적이지 않은 힘에 기대어 어떻게라도 한번에 사업을 키우려 하는 태도는 결국 끝나게 되어 있다.

2 하급 직원들에게 업무 지시나 업무 확인이 눈에 띄게 줄어들 때. 이런 경우는 아주 심각한 상황이다. 지시를 내리고 관리를 할 사람이 사라진 경우다.

3 사장이 어디 있는지 직원들이 자주 모를 때. 여자를 만난다거나 도박을 하거나 사업이 더 이상 살아남을 수 없다고 생각하는 상황이다.

4 고급 취미에 관심을 가지고 그림, 자동차, 정원수 등과 같은 것에 빠질 때. 스스로 사업가가 아니라 고상한 인물이 되려 하나 사업도 지키고 고상함도 지킬 수 있는 경우는 그다지 많지 않다. 특히 자수성가한 사람이 이러면 2대까지 갈 수도 없다.

5 연예인, 정부 고위관료, 정치인들과 어울리기 시작하고 그것을 자랑할 때. 자신의 가치를 그런 유명인과 동일선상으로 높이고 싶은 마음이지만 들어가는 돈에 비해 이득이 없다. 가장 부실한 투자 중 하나다.

6 사장 주변에 새로 사귄 친구들이 안내도 받지 않고 회사를 들락거릴 때. 회사 내 정규 라인이 사라지면 이렇게 된다. 직원의 권위가 존중받지 않고 이런 사장의 친구들이 늘어나면 직원들에게 지시하는 친구들도 생긴다.

7 사장이 사장직을 전문 경영인으로 대신하고 회장이나 다른 타이틀을 모으러 다닐 때. 경영보다 타이틀에 관심을 가진 사람이 다시 경영으로 돌아오려면 한번 망해야 가능하다.

8 **신문이나 잡지에 팔짱을 끼고 찍은 사진이 나오거나 방송 출연이 잦아질 때.** 세상에 나를 자랑하고 싶거나 동창들에게 칭찬 전화를 받고 싶은 마음이 커질수록 한때 성공했던 사람으로 남을 가능성이 가장 크다.

9 **경쟁자들을 얕보고 공공연히 무시할 때.** 경쟁자를 무시하는 것은 자기 사업의 산업 자체를 욕하는 것과 같다. 그 산업에 애정이 사라지면 사업도 사라진다.

10 **가족들이란 이유로 요직에 들어오고 임원 자리에 측근들이 가득 찰 때.** 가족과 측근이 많아지면 유능한 직원은 미리 포기하고 나간다. 머리는 엄청 크지만 허리도 다리도 없는 이상한 동물들은 결국 죽고 만다.

11 **과식과 폭식하는 습관을 계속 버리지 못할 때.** 이런 습성은 건강을 해치고 맑은 생각을 결코 갖지 못하게 한다. 판단할 머리도 일할 몸도 사라진다. 하늘도 이런 사람은 돕지 않는다. 세상을 함부로 대했기 때문이다.

12 **기부 금액이 늘어나고 상패와 위촉장이 한쪽 벽을 넘겼을 때.** 회사를 위해서가 아니라 개인의 영달을 위해 회사를 이용하는 경우다. 이럴 때 회사는 사장도 버린다.

착한 사장이 실패하는
7가지 이유

11

첫째, 누구에게나 좋은 사람이고 싶어 한다. 그러나 누구에게나 좋은 사람이 될 수는 없다. 누구에게나 좋은 사람이란 누구에게나 나쁜 사람일 수 있다. 때때로 냉정하고 단호하게 대처하고 싸워야 한다. 단호할 때 단호하지 못하고 냉정할 때 냉정하지 못하고 싸워야할 때 물러선다면 가장 가까운 가족, 친구, 직원들이 그 피해를 입는다. 누구에게나 좋은 사람으로 남고 싶다면 사업을 할 것이 아니라 산장 주인이나 해야 한다.

둘째, 거절하지 못한다. 하지만 거절해도 별일이 안 일어난다. 착한 사람은 자신이 거절하면 상대방이 모욕을 느끼거나 실망하리라 믿는다. 그러나 대부분의 정중한 요청들은 거절을 받아들일 준비를 하고 있으며, 욕심이 섞인 부탁들은 들어줘도 비웃거나 심지어 뒤로 돌아서서 욕을 한다. 거절에도 연습이 필요하다. 막상 해보면 별것 아니다. 오히려 적절한 거절은 당신의 가치를 높인다.

셋째, 쉽게 양보한다. 사업에서 양보는 파산이다. 양보는 명분이 있을 때만 해야 한다. 명분 없는 양보가 이어지면 아무나 함부로 대할 것이고 당당히 양보를 요구하는 사람마저 나타난다.

넷째, 혼내지 못한다. 아랫사람을 혼내고 지시하는 데 망설이면 혼자 모든 일을 해야 하며, 직원이 사장의 당연한 권리마저 지적하고 나선다. 심지어 나는 일하는데 당신은 왜 가만히 있냐고 말하는 직원들도 나타난다.

다섯째, 지나치게 염려한다. 걱정은 상황을 더 악화시킨다. 미리 하는 걱정은 걱정대로 이루어진다. 지나친 염려는 위로도 안심도 되지 않는다. 회사 분위기를 항상 우울하게 만들고 주변 모두가 짜증을 부리거나 신경질적인 사람들로 가득하게 한다.

여섯째, 항상 웃는다. 항상 웃으면 아무도 어려워하는 사람이 없어진다. 사장은 인자함보다 위엄이 필요할 때가 많다. 웃음은 좋으나 역시 과유불급이다. 지나친 웃음은 독이 된다.

일곱째, 도움 청하길 힘들어 한다. 세상에 혼자 할 수 있는 일은 극히 드물다. 손이 엉덩이에 닿는 것은 화장실 정도는 혼자 가란 뜻이다. 그 외에 모든 일들은 함께하고 같이 해야 한다. 도움을 청하기 힘들어 하는 품성은 직원들을 두는 어떤 비즈니스도 불가능하다. 그러니 혼자 일하는 1인 기업이나 해야 한다. 사장은 결정하고 지시하고 확인하는 업무를 일상적으로 진행해야 한다. 그러니 착하기만 한 사람은 사업을 원활히 할 수 없다. 착한 것은 항상 좋은 것이 아니다. 착한 것은 세상이 다 착할 때만 좋은 것이다. 그러나 세상은 한 번도 다 같이 착해본 적이 없으니 두려움 없이 착함을 조금 버리기 바란다. 그래야 내 가족을 포함한 주변에 있는 사람에게라도 착함을 유지할 여력이 생겨나는 것이다.

사람 다루기가
가장 힘든 일

12
—

직원이 한두 명 있을 때는 몰라도 숫자가 늘어나면 사람 다루는 것
이 얼마나 힘든지 공감한다. 사장이 관리하기에 가장 힘이 드는 숫
자는 열 명 안쪽이다. 직원들이 열 명 정도인 경우 직책과 상관없이
대부분 사장의 지시를 직접 받고 상사의 지시를 건너뛴 업무 처리
형태들이 늘 존재한다.

  보통의 경우 직접 관리가 효율적으로 가능한 숫자는 4~6명이다.
열 명의 직원을 두 개의 조직 체계 안에 넣는다면 이론적으로 사장
은 두 명만 관리하면 된다. 그러나 소규모 사업에서는 두 명만 관리
하기가 현실적으로 불가능하다. 사장의 업무가 회사의 다방면에 직

204

접 닿아야 할 것들이 아직 많기 때문이다.

세 명의 직원보다 다섯 명의 직원이 힘들고 다섯 명의 직원보다 열 명의 직원은 두 배가 힘들다. 직원들에게는 휴일을 줘도 자신은 주말은 고사하고 명절에도 일해야 하는 상황이 이어진다. 이때 많은 사장들은 직업과 직책에 대한 자괴감을 느끼며, 자신감을 잃기도 한다. 직원이 늘어날수록 어렵기만 하고 사람을 다룬다는 것이 얼마나 힘이 드는지 가장 절실하게 느끼는 시기다. 그러나 다행인 것은 직원이 20명이 되면 조직이 움직인다. 이때부터 오히려 사장은 힘이 덜 드는 것을 확실히 느낀다. 이쯤 되면 사장의 직접 노동을 통한 대가는 관리를 잘하는 대가를 따라갈 수 없게 된다. 관리만 잘해도 사장이 충원했던 인건비 이상의 효율이 가능한 규모가 된 것이기 때문이다.

만약 이때가 되어도 사장이 계속 실무와 운영업무 둘 다를 하려 든다면 회사 성장은 오히려 지체된다. 디자이너 출신으로서 사장이 된 사람은 디자인 작업에서 손을 떼야 하고, 요리사 출신의 사장은 요리를 그만두어야 한다. 자신의 노동력으로 회사를 유지하려 한다면 곧바로 지치고 한계에 다다르거나 회사는 더 이상 성장하지 않게 된다. 그때부터는 경영이라는 용어가 실감된다. 조직이 일하고 시스템이 일하기 때문이다.

열 명이 일하는 회사와 스무 명이 근무하는 회사는 절대 같은 회사가 아니다. 열 명이 일할 때는 굳이 질서도 상하도 특별한 결재형식도 필요 없었다. 하지만 20명, 30명이 넘어서면 서로 이름을 모르는 사람도 생기고 회의나 결재를 통해 업무를 진행하는 방법을 배워야 한다. 이때부터 사장은 오히려 경영만을 챙기면서 조금씩 시간이 남기 시작하고 외부 업무를 보더라도 무리가 없는 백업 인원을 갖게된다.

50명이 넘어가면서부터는 비서가 필요해지고 구내식당에 가도 다들 사장 옆에서 밥을 먹으려 한다. 그러나 이때부터는 어느 누가 그만두더라도 그 자리를 대체하거나 대신하고 싶어 하는 사람들이 뒤를 받치고 있어서 직원들과는 거리가 생겨도 오히려 가장 편해지는 시기다.

100명이 넘어가면 중견기업의 형태를 보이면서 회사 내 파벌이 생기고 모든 일이 기록화되고 결재를 통해 일하는 구조가 정착된다. 회사 직원이 20명이 넘어서는 순간부터는 그 수가 아무리 많아져도 사장이 직접 명령을 내릴 사람의 숫자는 너덧 명으로 한정되기에 오히려 직원 열을 통솔할 때보다 편해지게 된다.

그러나 열 명의 회사를 20, 30명이 일하는 회사로 키우는 것은 쉽지 않은 일이다. 일반적으로 사장의 경영능력이 미치지 못해 10여 명 내외에서 성장을 못하고 지지부진하게 흘러간다. 결국 열 명 안팎의 직원을 효과적으로 다루는 방법을 배우지 못하는 사장은 20, 30명 이상의 직원들이 필요할 정도로 사업체를 꾸릴 기회를 그동안 놓쳐왔다는 이야기이기도 하다. 돌려서 말하면 열 명 내외 직원을 가진 사장들도 그보다 많은 직원을 두었을 때 배워야 할 점들을 미리 습득해야 그런 큰 회사도 만들 수 있다는 논리다.

사장의 가장 큰 스트레스는 경쟁자도 시장도 고객도 아니다. 직원들이 가장 큰 스트레스를 준다. 직원들을 설득하고 어르고 가르치고 관리하는 스트레스가 사장을 가장 힘들게 한다. 그래서 연차가 높을수록 주변에 나를 이해하고 믿어줄 사람들로 채우는 것이 사장들의 가장 흔한 행동 형태가 된다.

사장을 믿어줄 유능한 직원 다섯만 있다면 세상을 다 삼킬 수 있다 해도 나는 믿는다. 그 다섯 명이면 5000명도 다스릴 수 있기 때문이다.

아예 규칙
그 자체를 바꿔라

13

한 유통 회사의 고위 임원과 미팅을 가졌다. 그는 당시 우리 같은 10여 개의 회사를 상대로 개별 인터뷰를 진행하고 있었다. 수준이 미달되는 거래처와 관계를 정리하고 몇 개의 회사로 거래처를 줄이기위한 인터뷰였다. 그 대신 남은 회사들의 성장을 도와 품질과 판매방식을 개선해보고 싶었던 것이다.

모든 회사 대표들은 자신들이 뭘 잘하는지에 대해, 그리고 그동안 얼마나 성장했는지에 대해 장황한 자료를 만들어서 미팅에 참여했다. 대형 팸플릿과 실물 메뉴를 포함해 두꺼운 안내서와 온갖 자료가 난무했다. 이 모임에서 탈락된다는 것은 회사의 죽음으로 이어지는 일이었기 때문이다.

우리는 작전을 바꿨다. 우리는 지금까지 우리가 뭘 잘했는지에 대해 설명하기보다 그들이 뭘 원하는지에 초점을 맞췄다. 우리는 철저하게 그들의 관점에서 이 사업을 바라보았다. 그 임원이 일부 회사를 정리하려는 이유는 업계의 표준을 높여 단순하게 관리하려는 것이었고, 표준과 단순관리를 통해 매출 증대를 기대하고 있었기 때문이다. 그리고 매출 증대를 통해 자신의 운영능력을 돋보이게 함으로써, 주주들에게 회장 자리 후보로서의 위상을 보여줄 기회이기도 했을 것이다. 우리는, 이 회사의 경우 경쟁 회사보다 매장 크기당 평균 매출이 4% 이상 낮다는 것을 상장사 보고서를 통해 알아냈다. 매출은 경쟁자보다 많아도 매장당 효율이 떨어진다는 뜻이었다. 우리는 이것을 건드리기로 했다.

우리 회사는 작은 면적에서 가장 높은 매출이 나온다는 점에 주목했다. 당시 그들의 전체 매장의 제곱피트당 평균 매출은 742달러에 불과했다. 그들의 경쟁자는 제곱피트당 평균 771달러를 판매하고 있었다. 반면에 그들의 매장 일부를 사용하던 우리 점포들은 평균 2080달러라는 매출을 올리고 있었다. 그래서 우리는 그 임원에게 그가 관리하는 매장 전체에 우리 매장을 넣으면 전국적으로 증가할 매출의 양을 산출해주고, 평균 제곱피트당 매출도 경쟁자를 쉽게 따돌릴 수 있다는 점에 주목해달라고 말했다. 그는 완전히 빠져들었다. 이것이야말로 자신이 회사 내에서의 입지를 돈독히 함은 물론 업계 전체에도 이름을 알릴 수 있는 기회임을 알게 된 것이다.

다른 회사가 어마어마한 자료를 준비하는 동안 우리는 단 4페이지로 구성된 자료가 전부였다. 그리고 그나마 실제 그의 손에 들려준 것은 평방피트당 매출증대를 위한 제안이 적힌 한 장짜리 종이였다. 다른 경쟁자들은 그 임원과의 미팅 후에 자신들이 선택되었는지 탈락되었는지 궁금해 하며 불안한 시간들을 보냈다. 하지만 우린 이미 그 임원이 가지고 있던 애초의 계획을 바꿔버리고 우리의 규칙 rule으로 시장을 이미 재편해나가고 있었다. 우리의 경쟁자들은 규칙이 바뀐지도 모르는 상태에서 경기를 하고 있던 셈이었다. 결과적으로 우리는 그 유통회사의 14개 중에 하나가 아니라 14개 회사를 대표하는 회사 역할을 하게 됐다. 불과 2년이 지나지 않아 우리 회사는 14개 회사 중에 1위가 되었고 그 임원이 관리하던 매장의 45%를 흡수했고 전체 매출의 60%를 담당하게 됐다.

우리는 우리가 원하는 것을 팔려 하지 않았다. 그들이 원하는 것을 팔려고 했기에 우리가 원하는 것을 팔게 된 것이다. 협상과 흥정이란 결국 상대가 원하는 것을 줌으로써 내 것을 가져오는 것이다. 나는 구걸을 하는 사람이 아니다.

일전에 한국의 대기업과 비즈니스를 타진할 때였다. 그 대기업에서는 자신들과 일을 진행하려면 제안서가 40페이지는 넘어야 한다고 알려줬다. 이유를 물으니 그래야 성의 있어 보인다는 것이었다. 더구나 관련자들은 일이 성사된다면, 마치 한국 대기업이 우리에게 은혜를 베푸는 것이라는 듯한 인상을 풍겨댔다. 그들이 우리 회사와 일하는 것이 도움이 안 된다고 생각해서 거절하는 판단에 대해서는

100% 존중한다. 그러나 우리가 일방적으로 이익을 가져가는 구조라거나 그런 인식을 갖고 있는 회사와는 일할 수 없다. 그들이 원하는 것을 우리가 주고 우리가 원하는 것을 그들이 주는 상호 관계여야지 일방적 수혜 관계의 비즈니스란 결국 부서지기 마련이다. 우리가 보내는 제안서가 얼마나 서로에 이익이 되는가에 대한 관심보다 제안서의 재질과 분량을 통해 우리가 어떠한 성의를 보이는가에 먼저 방점을 찍는다는 것이 얼마나 어리석은가.

나는 우리 회사의 마케팅 담당자들에게 우리가 경쟁자들보다 나은 점이 없다면 우리 시스템을 팔지 말도록 가르친다. 또한 고객에게는 사달라고 청원하지 말고 살 수밖에 없도록 가치를 넣으라고 가르친다. 모든 흥정은 결국 서로가 서로의 필요를 공평하게 나누는 데 있다. 우리가 줄 것이 적다면 구걸이고, 우리가 가져오는 것이 많다면 깡패와 다를 것이 없기 때문이다.

고객을 열 배로
늘리는 방법

14

한 사람의 고객을 만족시키면 열 명의 고객을 만들 수 있다. 그러나 한 사람의 고객을 실망시키면 열 명의 기존 고객과 백 명의 미래 고객을 떠나게 한다. 서비스 사업에는 상당히 종합적 테크닉이 사용된다. 고객을 만족시키려면 가격, 품질, 청결, 친절 등 모든 것이 필요하다. 이 중 어느 하나라도 소홀하면 고객은 떠난다. 이것을 다 만족하더라도 떠나는 수도 있다. 시대 흐름이나 유행의 변화 때문이다. 또한 일반적인 식당이나 미용실 같은 경우, 한번 방문한 고객이 다시 찾아오지 않는 '단발고객'의 비율은 생각보다 꽤 높다. 20~30%가 아닌 70%에 육박한다. 이런 데이터들은 카드 사용내역을 추적해

보면 정확히 산출해낼 수 있다.

매장에 새로운 손님을 한 명 데려오는 마케팅 비용은 그 고객이 지불한 금액보다 높은 경우가 허다하다. 결국 한번 온 고객을 다시 불러들이게 하는 것이야말로 최고의 매출 증대 방법이다. 내 매장에 들어온 손님에게 지극한 환대를 보여야 할 가장 큰 이유다. 사업주 입장으로는 고객 한 분 한 분이 매장 안으로 발을 디뎠다는 것이 얼마나 대단한 사건인가에 주목하고 고객 한 명을 만족시키는 데 모든 노력을 다해야 한다.

대부분의 사업가들은 신규고객을 확보하는 데 상당히 많은 노력과 자본을 투여한다. 그러나 현명한 사업가라면 단발고객을 상대로 그 비용이나 노력을 기울이는 것이 훨씬 더 효율적이라는 것을 안다. 사업가들은 신규고객을 끌어들이기 위해 엄청난 광고비와 할인 혜택 또는 원가에 가까운 미끼 상품 등을 내걸지만, 그렇게 불러 모은 신규고객이 고정고객으로 남을 수 있도록 하는 것에 대해서는 신규고객 모집만큼의 정성을 안 들인다. 구멍 뚫린 어망에 잡은 물고기를 넣어놓고 다른 물고기를 잡으러 다니는 셈이다.

사람들은 흔히 고객을 끌어들이는 힘이 가격이라고 착각한다. 가격은 고객을 끌어들이는 요소 중에 하나일 뿐 전부가 아니다. 또한 여러 요소 중에도 지극히 작은 요소 중에 하나다. 당신이 선호하는 매장이나 당신이 자주 가는 업체를 보아도 단순히 싸게 판다고 자주 다니지 않는다는 것을 쉽게 느낄 것이다. 소비자는 자신의 돈을 사용할 때 가치를 중심으로 사용한다. 싼 가격에 가치를 느낄 때는 동일 공산품이 동일 상권 안에서 경쟁할 때뿐이다. 스위스 융프라우효흐 역에서는 한국 컵라면이 8000원이다. 한국 편의점에서는 850원이면 살 수 있다 해도 알프스 산을 발아래 두고 먹는 컵라면은 다른 가치다. 그래서 그곳에 가는 모든 한국 사람들은 컵라면을 먹는다. 소비자가 가격만 중시한다고 믿는 그것에만 초점을 맞추는 경영자는 실패한다.

소비자에게 내 상품과 매장이 주는 가치를 만들려 노력해야 한다. 내 매장에 찾아오고 내 상품을 사려는 이유를 만들어놓아야 한다. 다행히 그 이유라는 것은 참 많다. 건강, 사치, 안정감, 도덕성, 유대감, 호기심, 편리성, 미용, 사회적 책임감, 교훈, 흥미 등과 같이 특정한 가치들은 수없이 많다. 그러니 유능한 사업가가 되길 바란다면 소비자에게 상품을 팔려 하지 말고 가치를 팔려고 생각해야 한다. 사업을 운영하더라도 나 자신은 한편으로 소비자요 고객이다. 내가 어떤 대우를 원하고 어떤 매장에서 어떤 식으로 상품을 구매하는지 가만히 생각해보면 모든 답이 보인다. 내가 고객에게 상품이 아닌 가치를 팔려고 마음먹는 순간, 나는 장사꾼이 아닌 사업가로 성장한다. 이것은 모든 사업의 가장 기본적 구조이자 원리다.

가장 좋은
인재 고르기

15

직원을 고용하기 위해 면접을 해보면, 입사 지원자들은 거의 모두가 지금 현재 자신이 어떤 사람인가를 설명하기 위해 노력한다. 사람들은 평등하게 태어나지 않는다. 흔히 대학입학 시험의 점수를 따라 대학이 정해지고 사회에 나가 다른 인생을 살게 된다.

사람들은 좋은 대학을 가기 위해 힘써왔던 자신의 노력을 공정한 경쟁이라 믿고 출신대학을 자신의 대표적 상징으로 받아들이고 표현한다. 그래서 심지어는 초면에 어느 대학을 나왔냐고 묻는 무례를 범하기도 한다. 누구나 다 대학을 나왔을 것으로 생각하기도 하고, 대학을 기준으로 서열화하려는 의도를 숨기지 못하는 것이다. 태어날 때부터의 가정환경이나 부모들의 교육 수준은 저마다 다르다. 대학을 갈 형편이 안 되는 사람도 흔하고 특별한 과외나 쾌적한 환경에서 공부할 수 없는 사람도 많다.

부유한 지역에 사는, 교육받은 부모 밑에서 태어난 사람들이 대학에 진학할 가능성이 높은 경향은 전 세계 어느 곳에서나 숨길 수 없는 사실이다.

일부 예외적인 상황이 모든 경우를 합리화하지 못한다. 그럼에도 고학력자나 우수대학 졸업자들은 자신들이 공정한 게임에서 이겼으니 자신에게 높은 대우를 해달라고 요구한다. 그러나 현재의 뛰어남을 기준으로 어떤 사람을 평가하면 안 된다. 처음 시작한 자리에서 얼마나 많이 왔느냐로 평가해야 한다. 인생은 시작점이 서로 다른 장거리 마라톤 같다. 처음에 빨리 달리거나 부모가 업고 달린 사람이 평생 빨리 달린다는 보장은 없다.

내게 가장 좋은 직원은 매달 발전하는 직원이다. 느리더라도 상관없다. 시간이 지날수록 조금씩이라도 성장해나가는 직원이, 업무 능력은 뛰어나지만 더 배울 게 없다는 듯이 행동하는 자부심만 강한 직원보다 훨씬 좋은 직원이다. 매달 성장하는 직원은 자신의 부족함을 알기에 성실하게 무엇이라도 배우려 한다. 그래서 충성심과 애사심이 강하다. 반면 유능한 직원들 중에는 초기에 잘나가다가 어느 경계에서 그대로 숨을 멈추듯이 서버리는 사람들이 많다. 한계가 온 것이다. 그러나 이 한계를 감추기 위해 허풍이나 흥정을 시도하거나 이도저도 안 되면 이직하기 일쑤다. 따라서 경영자 입장에서는 매달 성장하는 직원에 대해서는 투자가 가능하기 때문에 교육도 보내고 출장도 보내고 직책도 바꿔준다. 그러나 자신의 현재를 자랑하는 직원에게는 사실 현재 일 외에는 아무것도 기대할 수 없다.

또한 직원들을 사장의 시각과 비슷한 사람들이나 우등생으로만 구성해놓으면 안 된다.

나는 지명이나 사물에 대한 이름을 잘 외우지 못하고 사물의 특성을 분별해내는 데는 그리 재주가 없다. 딱히 숫자에 대한 기억력이 좋지도 않다. 그러나 특이한 재주가 하나 있다. 나무나 풀을 구분해내는 재주다. 고속도로를 달리다가도 길가에 난 달래나 질경이를 보고 차를 세우거나 식용식물을 구분해낼 수 있다. 가을 단풍잎들의 미묘한 차이나 과일나무의 특이한 형태를 잘 기억해서 잎새만 보고도 무슨 나무인지 제법 잘 구분한다. 봄에 피는 살구나무와 복숭아 또는 벚나무가 남들에겐 그것이 그것일지라도 내겐 참 다른 나무들이다. 이것은 나무나 풀에 대한 애정이 숫자나 다른 사물보다 강하기 때문일 것이다.

그래서인지 집이나 회사 이곳저곳에 과일나무나 꽃나무를 여유 생기는 대로 심기를 좋아한다. 화원에 들르면 줄기 튼튼하고 가지 곧은 녀석들로 가능한 대로 골라 한 차 트럭에 싣고 오면 그리 신이 날 수가 없다. 구덩이 파는 일이 쉽지 않으나 심고 나서 자라는 것을 보면 참 기분이 좋다.

출장에서 돌아오면 항상 내가 심은 나무들을 둘러보고 만져본다. 그런데 이렇게 곧은 나무들을 가득 심어놨더니 이상한 점이 보인다.

의외로 나무가 자라고 나니 헐값에 주워온 휘어지고 못생긴 나무보다 운치가 없다. 뻣뻣한 멀대 같은 아이들이 특성 없이 뒤뜰을 채우고 있는 것이다.

이상하게도 휘어지거나 쓰러진 듯 자란 나무들이 해가 가면서 균형을 잡으면 재능 있는 모델들이 포즈를 잡는 것처럼 보기가 좋다. 굳이 목재로 쓸 일도 아닌데 멀뚱하게 키만 자란 뻣뻣한 나무들이 너무 많으니 단체사진 찍는 듯 밋밋하다.

사람도 마찬가지다. 사무실에 공부 잘하고 모범생인 직원들로만 가득 채웠다고 생각해보자. 일사불란하고 시키는 대로만 잘하는 직원들일 것이다. 이곳은 군대가 아니다. 창의성과 독창성이 우러나야 하는 회사다. 배워온 공부나 경험이 서로 다를수록 좋다. 또한 성향이나 일하는 방식이 다른 사람들이 함께 일해야 한다. 분명 리더십이 강한 유형이나 행정적인 일에 유능한 행정가, 아이디어가 많은 기획형과 묵묵히 단순한 작업을 좋아하는 실무형까지 다양하게 구성해야 한다. 그리고 배운 공부나 출신지역, 종교, 정치관이 비슷한 사람들로 모여 있어도 사물을 보는 눈이 비슷해지기에 결국 자체 비평기능이 사라져버린다.

이런 다양성을 인정하고 유지하려는 열린 태도를 가져야 회사는 고르게 성장한다. 사장은 이렇게 여러 유형을 통합시켜 일하는 것을 적극 권장하고 회사 내에 이런 통합을 도와줄 통합형 직원들도 보유해야 한다.

회사가 성장하면 성장할수록 사람이 사업의 핵심이라는 것을 느낀다. 어디를 가든 자기 일에 열정을 가지고 일하는 사람이 있으면 그냥 지나치질 못한다. 그 사람이 주차 요원이든 호텔의 직원이든 비행기 승무원이든, 또는 기업의 대표이든 상관없이 그런 인재들을 보면 걸음을 멈추고 전화번호를 받아야 하나 망설인다. 저 사람들이 앞으로 매일, 매월, 매해 계속해서 발전할 것을 상상하면 욕심이 나지 않을 수 없다. 사업도 사람이 먼저다.

직원들이 스스로
일하게 하려면

16

나의 사업 운영방식을 스스로는 '노자경영'이라 부른다. 노자 『도덕경道德經』 17장에 이런 구절이 있다.

> "가장 훌륭한 군주는 백성들이 다만 임금이 있다는 것만을 알 뿐이다.
>
> 그 다음의 군주는 백성들이 친근감을 가지며 그를 칭찬한다.
>
> 그 다음의 군주는 백성들이 그를 두려워한다.
>
> 그 다음의 군주는 백성들이 그를 업신여긴다."
>
> (太上 下知有之 其次 親而譽之 其次 畏之 其次 侮之)

이를 현대식 기업으로 바꿔보면 이렇다.

"가장 훌륭한 사장은 직원들이 다만 사장이 있다는 것만을 알 뿐이다. 그래서 직원들은 스스로 알아서 일을 한다. 그 다음 수준의 사장은 직원들이 친근감을 가지며 그를 존경한다. 그래서 직원들은 사장과 함께 일한다. 그 다음의 수준은 직원들이 사장을 무서워한다. 그래서 직원들은 시키는 일만 죽어라 한다. 가장 저급의 사장은 직원들이 그를 우습게 안다. 그래서 직원들은 사장이 볼 때만 일한다."

20년 전까지만 해도 나는 가장 저급한 사장이었다. 거듭 실패한 후에는 무서운 사장도 친근한 사장도 해보았다. 어떤 때는 성공하고 어떤 때는 실패했다. 그러나 마흔이 넘어가고 사장질도 이력이 나자 평소 존경하던 노자 선생님의 가르침을 따르기로 했다.

나는 5시면 일어나서 간단한 식사를 하고 6시 전에 회사에 출근한다. 밤새 들어온 이메일을 확인해서 답변이나 지시를 내린다. 반드시 들러야 할 사이트 몇 군데를 들른다. 주로 뉴스와 경제지표, 요즘 유행하는 유머, 트렌드 관련, 박람회 관련 정보를 확인한다. 7시 30분이면 대부분 끝이 난다.

아직 직원들은 아무도 출근하지 않았다. 사무실 불을 켜고 다니면서 책상 위에 흩어져 있는 서류나 물품들로 정리 상태를 보며 누가 얼마나 열심히 일하는지 짐작해본다. 사무실을 돌고 난 후에는 창고도 들르고 연구개발실이나 기숙사도 한 바퀴 돌아본다. 불을 다

켜놓으면 이제 밖으로 나가 회사 정원에 심어놓은 나무나 꽃들을 살펴보고 사무실로 다시 들어온다. 그때쯤이면 일찍 출근하는 직원들이 들어오기 시작한다.

사장이나 부사장들과 월요일이면 30분짜리 간단한 회의를 하나 그마저도 서로 출장 중이면 따로 모임을 갖지 않고 문자나 이메일로 상황을 보고받는다. 사내 회의도 1년에 몇 차례 없다. 지시할 사항이나 확인할 일들은 카톡방에 관련자들을 따로 모아 서로 확인하고 논의하면 그만이니 달리 회의를 할 필요성도 못 느낀다. 9시가 되었다. 직원들은 다 출근해서 업무를 시작하지만, 사실 이때쯤이면 내업무는 끝이 난다.

회사는 권한위임이 잘 되어 있고 비교적 알아서 일을 찾아 하는 분위기가 전통처럼 이어져 특별히 지시하는 사람이 없어도 해마다 놀라운 성장을 유지한다. 나는 정말 끝내주는 직원들을 몇십 명씩 가지고 있다. 매주 몇 개씩 새로운 매장을 오픈하지만 그 일로 분주하거나 혼란스럽지 않고 다들 익숙하게 여유 있어 보인다. 어떤 때는 신입직원들과 아침에 마주치면 누구시냐고 묻기도 한다. 내 개인 전화번호를 아는 직원들은 불과 몇몇이고 일주일 내내 업무상 받는 전화는 한두 통에 불과하거나 아예 한 통도 없는 주도 많다.

점주들은 내가 누군지 모르니 전국 어느 매장을 가더라도 마음 편히 매장을 둘러볼 수 있다. 10시 30분쯤이면 퇴근을 하거나 좀 늦어지면 사내식당에서 직원들과 점심을 먹고 난 후에 퇴근한다. 직원들도 9시 출근, 4시 퇴근에 5일 근무이며 달력에 빨간 날은 무조건다 쉽게 되어 있다. 나 역시 휴일이나 주말이나 회사에 나와 일을 하지 않는다.

이런 사장 노릇은 누구나 할 수 있겠다 말하겠지만, 이렇게 회사 내에서 있는 듯 없는 듯한 사람으로 남아 회사를 운영하려면 두 가지를 포기해야 가능하다. 그것은 바로 참견과 특권의식이다.

직원들이 업무를 진행할 때 잘못할 때마다 지적을 하면 기가 죽어 배우지 못한다. 프로젝트를 진행할 때도 너무 세세하게 관여하면 스스로 판단을 내리지 못하고 매번 상사에게 의존하려 든다. 때때로 실수가 뻔히 보이는 일도 회사가 망하는 일이 아니라면 기다려서 실패한 후에 배우도록 내버려둔다. 가끔씩 복창이 터지는 기분이 들더라도 참아야 한다. 그때 참지 못하고 참견을 하면 그 직원은 내보내야 할 수도 있다.

직원 각자 하나하나가 창의성을 유지하고 규칙에 제한 없이 의견을 내고 스스로 찾아서 일하는 사내 분위기를 만들려면 지나친 참견이야말로 최악이다. 조수석에서 운전을 가르칠 때 초보 운전자가 실수한다고 뺨을 때려가며 운전을 가르칠 수는 없다. 약간의 실수에도 가르치는 사람이 너무 흥분하거나 놀라면 운전하는 당사자는 공포에 싸여 아무 생각도 못하고 다른 사람에게 의존하게 된다. 그런 분위기는 운전을 가르치지도 못하며 큰 사고로 이어질 수도 있다. 위험성이 눈에 보여도 비명을 참거나 브레이크를 대신 밟지 않으려면 대단한 용기와 배짱을 지녀야 한다.

두 번째 사항인 특권의식의 포기는 사업가의 원초적 본능을 이겨야 가능하다. 사람들이 사업을 하고 성공하고 싶어 하는 유인은 때때로 돈과 명예다. 이 명예에는 어릴 때 받은 수모를 갚는 뜻을 가질 수도 있고, 자신을 믿어준 사람에게 증명하기 위한 것도 있다. 또는 그냥 다른 사람 위에 서서 아래를 내려다보면서 남들이 우러러보기를 기대하는 사람들도 있다. 사업에서의 성공은 근본적으로 속물적인 속성을 가지고 있다. 돈이 많아지면 권력이 생긴다. 비단 정치적 권력이 아니더라도 마음만 먹으면 누군가의 인생을 완전히 바꿀 수 있는 힘이 생긴다.

그런 권력에 사람들은 동경과 두려움과 경외심을 갖는다. 이 같은 권위와 권력을 가졌다는 것을 한 명이라도 더 알아봐주었으면 하는 것이 사람들의 가장 원초적인 본능이다. 이제 그걸 버리라고 요구하는 것이다.

사내에서 굳이 상석에 앉으려 하지 않고, 줄 서서 식판 들고 차례 기다려서 식사하고, 외부 손님이 인사를 청하지 않았다고 서운해 하지 말고, 차 문 열어주기를 기다리지 말아야 한다. 오히려 여직원들이 뒤따라 오면 문을 잡고 기다려주고, 회식에서 눈치 없이 오래 앉아 있지 말고, 주례 부탁 안 한다고 서운해 하지 말고, 무엇보다 사주라고 직원들을 함부로 하대하면 안 된다.

회사 내에서 왕이 되려 하지 말고 왕관이 되어야 한다. 권위와 실속과 위엄과 상징은 챙기지만 자리와 얼굴은 부하 직원에게 넘기면 된다.

참견과 특권의식이 사라지면 사업을 해도 자유가 찾아온다. 실속

없이 이런저런 모임에 끌려가지 않아도 되고 불필요한 지출로 가슴 쓰릴 일도 없다. 알아보는 사람이 없으니 농부 차림으로 돌아다녀도 흉볼 사람도 없고 무엇보다 가족과 많은 시간을 보낼 수 있다. 그래도 회사는 회사대로 잘 돌아간다. 백성들은 임금이 있다는 것을 알지만 임금이 누구인지도 모르고 무섭지도 않다. 그럼으로써 태평성대가 이어지는 형국이다. 단지 문제라면 퇴근이 너무 이르니 아내가 오히려 불평이다. 그건 어쩔 수 없다. 아내가 남편이 있긴 있는데 누군지 모르는 일이 발생하면 안 되기 때문이다.

THOUGHTS • BECOME • THINGS

PART 4

하루 100번씩
100일 동안의
기적

목표가 정말 자기가 절실히 원하는 것인지 그렇지 않은지를 아는 방법은
간단하다. 그 일이 반드시 하고 싶으면 종이에 적어놓는 것으로 만족하
지 않고 100번씩 되뇌이며 100일간 해보면 된다. 100일 동안 잘했으면 정
말 자신이 원하는 목표가 맞다. 아니라면 스스로 그럴 만한 가치를 못 느
끼고 중간에 그만둘 것이기 때문이다. 100번씩 100일 동안 쓰거나 되뇌인
다는 것은 생각처럼 쉽지 않다. 막상 해보면 간혹 했는지 안 했는지 기억
이 나지 않기도 하고 왜 해야 하는지 의문이 들기도 한다. 나는 이런 목
표를 이루기 위해 종이에 100번씩 써보기도 한다. 그렇게 해본 목표 중에
서 이루어지지 않은 것은 아무것도 없었다.

원하는 것을 얻기 위해 아무것도 포기하지 않고 얻으려 한다면 결코 얻을 수 없을뿐더러 공짜처럼 얻은 것은 결국 사채 이자처럼 혹독한 대가를 요구한다. 그래서 당신의 성공은 처음부터 성실해야 하고 신용을 갖춰야 하며 노력해야 하고 공부해야 한다.

지나친
친절의 문제

1

운전면허를 갱신하기 위해 인근의 공공안전국Department of Public Safety을 찾았다. 아침 일찍부터 많은 사람들이 시험을 치르기 위해 사무실 밖까지 줄지어 기다리고 있었다. 담당 공무원이 간단한 시력 검사를 마친 후 사고 시에 장기기증과 투표권 행사를 위한 질문을 마치고 나더니 자리에 앉아서 기다리라고 돌려보낸다. 그러나 빈자리는 고사하고 기대고 서 있을 빈 벽도 없어서 대부분 어정쩡하게 지붕만 쳐다보고 있었다.

사고가 생긴 것은 내가 들고 있던 신문을 읽으려고 막 펼칠 무렵이었다. 내 옆에 앉은 삼십 대 여자가 머뭇머뭇거리며 대각선으로 대여섯 발을 걸어갔다. 그리고 어느 신사 분의 팔꿈치를 잡더니 "할아버지, 여기 앉으세요"라고 말하는 것이었다. 순간, 그 신사의 표정을 유심히 보지 않았다면, 그리고 내가 이 상황을 자세히 설명하지 않고 여기서 끝을 낸다면 분명 이것은 노인에게 자리를 양보한 젊은 세대의 평범한 선행이라서 미리 일어나지 못한 내가 부끄러워하며 지나갔을 법한 일에 불과하다.

그 젊은 여자가 할아버지라고 칭한 신사는 나이가 이제 막 예순이나 지났을까 보였지만, 아직도 기개가 늠름하고 흰머리가 번진 것을 제외하고 할아버지로 불리기엔 터무니없었다. 절대 구부정하지도 않았고 힘들어 보이거나 자리가 나길 기다리며 이리저리 눈치를 살피던 상황도 아니었다. 그런데 젊은 여자에게 생전 처음으로 할아버지 소리를 들었고, 더군다나 여자에게 자리를 양보받는 수모를 당하게 된 것이리라.

그 신사가 당혹감과 부끄러움, 그리고 속으로부터 올라오는 패배감을 삭히느라 순식간에 여러 표정으로 낯색을 바꾸는 것을 보며 차마 계면쩍어서 바로 볼 수가 없었다. 지금 이 여성은 무슨 짓을 한 것인가. 그녀의 생각 없는 친절이 여러 사람 앞에서 "더 이상 당신은 남자가 아니다"라는 판결을 내려버린 것이다.

작은 친절이 사람을 살리기도 하고 평생 기쁘게도 한다. 그러나 지나친 친절은 위험하기까지 하다. 집에서 나와 4차선 도로에 진입하려 하면 간혹 자신에게 우선권이 있음에도 불구하고 차를 멈추고 내 차더러 먼저 지나가라고 정차하는 친절한 운전자들이 있다. 그러나 그 양보를 믿고 그대로 나아갔다가는 옆의 차선으로 쌩쌩 달리는 차량과 대형 사고가 일어날 참이다.

사업가로서의 지나친 친절도 직원들과 회사를 힘들게 하고 성장을 정체시킨다. 사장은 직원들을 가르칠 대상으로 보거나 언제나 하대를 해도 되는, 어느 면에서나 나보다 어리석은 아랫사람으로 본다. 그러다 보니 막내 동생 다루듯이 함부로 말하고, 그것을 부하직원에 대한 애정이라 착각하며 자신은 참 좋은 상사라고 생각해버린다. 정확히 말하자면 업무상 아랫사람일 뿐 인생에서의 아랫사람이 아니다. 나이가 적거나 직급이 낮아도 외부에서 만났더라면 훌륭한 친구이자 선생일 수도 있는 사람이다. 그럼에도 내 직장 안에서 나의 부하로 있다는 이유만으로 업무 이상의 것까지 관여하고 함부로 말한다. 부족한 업무능력이나 저조한 실적 때문에 "인생 그렇게 살면 안 된다"라는 충고를 받을 이유가 없다는 뜻이다.

때때로 소비자나 시장에 대해서도 지나친 친절로 사업을 어렵게 하는 경우가 있다. 한국 제품들의 외국 진출 시에 붙이는 상품명의 지나친 친절은 고전적인 문제다. 제발 한국 곶감은 Gotgam이라 표기했으면 좋겠다. Dried Persimmons이 아니다. 빈대떡은 빈대떡이지 왜 코리안 피자라고 부르는가? 왜 떡을 라이스케이크라 불러서 오히려 소비자와 시장을 혼란스럽게 하는가. 코리안 팝콘이 아니고 강냉이다. 그런 식의 친절은 신규시장을 만들지 못한다. 소비자도 그 차이를 인식하지 못하니 더불어 힘이 든다. 사업은 용어를 먼저 가지는 자가 이기는 것인데, 친절한 사업가께서는 외국인에게는 새 단어를 받아들이는 머리가 없다고 생각하시는 것 같다.

또한 지나치게 세세한 부분까지 지시하는 사장들은 직원들에게 창의력을 기대하면 안 된다. 디테일을 그런 방식으로 이해하면 디자이너나 요리사는 기능공이 되고, 부사장은 대변인이 되며, 관리자들은 관리를 하지 않고 지시만을 기다리는 사람들이 된다. 친절은 날카롭게 다듬어진 칼과 같아서 잘 사용하면 좋은 음식을 만들 수도 있지만, 함부로 사용하면 상처를 주게 된다. 사업의 묘미는 어디까지 친절할 것인가를 알아내는 데 있다.

젊은 여자에게 자리를 양보받아 당황하던 신사는 여러 시선 가운데서도 당당하게 말했다.

"아가씨! 내게 자리를 양보해준 것은 감사하나 아직도 내 눈엔 아가씨가 여자로 보이는 것을 보니 자리를 양보받을 나이는 아닌가보오. 그러니 그냥 앉아 있으시구려." 몇 사람이 빙그레 웃었다.

더 이상 돈이
필요 없을 때까지 일하라

$$\underline{2}$$

우리 회사는 부채가 제로다. 모든 물품대금은 받는 즉시 지불되고 법인카드는 한 달도 기다리지 못해 보름마다 결산해버리고 사옥은 현금으로 지불했다. 수십 대의 자동차를 포함한 어떤 회사용품도 융자로 산 적이 없다.

회사로서는 금융이자가 1원도 발생하지 않는다. 내가 소유한 모든 회사는 전부 부채 제로다. 개인적인 상황도 차이가 없다. 집, 자동차, 부동산 등등 내가 개인적으로 소유한 어떤 것에도 융자가 없다. 부부 모두 개인 신용카드 한 장 없다. 나는 내일 망해도 지불할 것이라고 해봤자 전기요금과 물값이다. 회사나 개인이나 세금을 체

납한 것도 없고, 누구에게 사적으로 빚이 남아 있지도 않다.

일곱 번쯤 망해보면 빚을 진다는 것이 얼마나 무서운 일인지 알게 된다. 하지만 이제 나는 내가 쓰는 돈보다 훨씬 많은 돈을 매달 벌어들인다. 자산관리를 하는 회사의 대주주요 대한민국의 한 상장 회사의 최대주주이기도 하다. 배당만으로도 몇 사람 연봉을 받는 사람이 됐다. 나는 부자가 된 것이다. 흔히 말하는 사회적 성공을 이룬 것이다. 매년 회사는 50% 이상 고성장을 이어가니 한 해, 두 해 지나면 지금 회사만한 회사가 또 하나 늘어나 있다. 원래 사치를 하는 성격이 아니니 별로 돈을 쓸 일도 없다. 월트 디즈니의 말대로 '더 이상 돈이 필요 없을 때까지' 일한 것이다. 백화점이나 어디를 가도 내가 사지 못할 것은 없다.

아내와 함께 쇼핑몰에 갔더니 고급 승용차가 진열되어 있었다. 근사한 스포츠카였다. "살 수 있지만 안 살래." 아내가 말했다. 막상 차를 사는 것보다 지금 당장 구매할 수 있어도 안 사는 마음은 더 짜릿했다.

그 넓은 백화점에 우리가 살 수 없는 것이라고는 단 하나도 없었지만 둘이 16달러짜리 점심식사만 하고 돌아왔다. 모든 것을 살 수 있어도 아무것도 사지 않는 것은 모든 것을 가진 것이나 마찬가지였기 때문이다.

나는 더 이상 바랄 것이 없는 상황이다. 이날을 위해 나는 해마다 수첩에 새 목표를 적어왔다. 그리고 그 목표를 끊임없이 생각하고 되뇌임으로써 이를 실현해나갔다. 그렇게 해서 실현된 목표는 지워버리고 새 목표를 써 넣은 것이다.

이 일을 20년 넘게 해왔고 지금까지 항상 성공적이었다. 목표나 소원은 보통 해마다 20여 가지였는데, 올해는 모두 지워버리고 새로 다섯 개만 정하기로 마음먹었다. 덕분에 작년 목표 몇 개가 실현도 되기 전에 사라진 것이다. 갖고 싶은 것과 하고 싶은 일을 30년 넘게 하나하나 해오다 보니 이제 갖고 싶은 것도 많이 줄었기 때문이다. 하지만 목표의 개수는 줄었어도 목표의 크기는 더 커져버렸다. 내 지인 중에 두 명이 미국 《포브스Forbes》 400대 부자 반열에 들어가 있는 것이 동기가 되었을 수도 있다. 딱히 더 이상 부자가 될 명분이나 이유도 마땅히 찾지 못했지만 그냥 궁금해졌다. 세상의 꼭대기에 있는 사람들이 어떤 삶을 사는지 궁금했다. 어떤 친구들을 만나게 될지도 궁금해졌다. 또는 그 《포브스》의 명성을 통해 내가 평소에 사귀고 싶었던 친구들에게 나를 쉽게 설명할 수 있을는지 모르겠다는 생각도 가졌다. 그래서 나도 《포브스》 선정 400대 부자 안에 내 이름을 넣겠다는 목표를 적었다. 이것은 새로 만든 다섯 개 목표 중 네 번째였다.

이 네 번째 목표를 이루기 위해 첫 번째 목표로서, 내 직원이나 가족, 주변인 100명을 백만장자로 만들어보겠다는 목표를 제일 위에 적어 넣었다. 내가 내 주변인 100명 정도만 백만장자로 만들어줄 상황이라면 나는 억만장자가 되어 있어야 할 것이라고 생각했기 때문이다. 내가 이 목표를 갖고 있다는 사실을 알게 된 직원들이나 주변인들은 기뻐했다. 자신들이 100명 리스트 안에 들어 있는지 상당히 궁금해 했다. 이를 목표로 회사의 연간 매출 목표가 1조 원(10억 달러)으로 바뀌었다. 이는 두 번째 항목이다. 2년 전에 세워둔 5000억 원 목표에 도달하기도 전에 1조 원으로 바꾼 것이다. 세 번째와 다섯 번째는 지극히 사적인 목표가 자리 잡았다.

이렇게 해서 다섯 개의 목표를 정리했다. 나는 그동안 메모해놓은 거의 모든 목표를 이뤄냈고 이번 목표도 이룰 수 있다고 생각하기 때문에 항상 그 목표가 정말 이루어질 경우를 상상해보며 문제가 없는가에 대해 자기검열을 하고는 했다. 이런 목표가 정말 자기가 절실히 원하는 것인지 그렇지 않은지를 아는 방법은 간단하다. 그 일이 반드시 하고 싶으면 종이에 적어놓는 것으로 만족하지 않고 100번씩 되뇌이며 100일간 해보면 된다. 100일 동안 잘 했으면 정말 자신이 원하는 목표가 맞다. 아니라면 스스로 그럴 만한 가치를 못 느끼고 중간에 그만둘 것이기 때문이다. 100번씩 100일 동안 쓰거나 되뇌인다는 것은 생각처럼 쉽지 않다. 막상 해보면 간혹 했는지 안 했는지 기억이 나지 않기도 하고 왜 해야 하는지 의문이 들기도 한다.

나는 이런 목표를 이루기 위해 종이에 100번씩 써보기도 한다. 그렇게 해본 목표 중에서 이루어지지 않은 것은 아무것도 없었다. 특별히 이번에는 사업 목표와 관련해서 부하직원 네 명과 같이 매일 목표를 100번씩 적어서 사진을 찍어 공동 대화방에 올리고 있다. 휴일 중에도, 외국 출장 중에도 사진이 올라온다. 이 글을 쓰는 현재 91일째를 넘어가고 있다. 아무도 낙오자가 없다. 이 책이 인쇄되어

나왔을 때는 이미 100일이 넘어갔을 것이다. 함께하고 있으니 더욱 수월하게 우리 목표에 다다를 것이다.

사실 나는 지금보다 더 부자가 된다고 해서 좀 더 행복해질 것인가에 대해서는 아직도 의문을 가지고 있다. 부자로 사는 것이 그리 행복한 것은 아니라는 말도 자주 듣는다. 일확천금을 얻는 복권 당첨자들의 불운한 이야기가 위로가 되는 일도 있다. 정말 그럴까? 나는 가난하게도 살아봤고 부자로도 살아봤다. 3년을 하루도 쉬지 않고 일을 해봤고, 라면 사먹을 돈이 없을 정도로 궁하기도 했고, 사업을 하는 동안 수년을 부도의 위기 때문에 아침마다 은행에서 전화오는 것을 두려워하며 탈모증으로 고생도 해봤다. 반면에 내가 아무리 돈을 써도 언제나 주머니에 돈이 남아 있고 가격표도 보지 않은 채 책방에서 마음대로 책을 사들이고 양가 부모님께 선물로 집을 사주거나 철마다 여행을 보내드리고 외상 없이 고급차를 사고 3개월 번 돈으로 수십억 원짜리 집을 사기도 했다. 그래도 다음 달이면 그만한 돈이 들어와 있다. 물론 찢어지게 가난하게 산 것도 아니고 어머어마한 재벌이 돼본 것도 아니지만 두 쪽 끝을 비슷하게 경험해보고 나니 그래도 부자로 사는 것이 훨씬 낫다고 생각한다.

우리가 갖고 있는 걱정의 많은 부분이 돈과 연결되어 있다. 누구든지 지금 자기가 안고 있는 고민을 10가지 쓰고 그 고민의 해결 방법을 옆에다 적어본다면 돈이 얼마나 많은 부분을 해결해줄 수 있는지 새삼 놀랄 것이다. 돈은 확실히 사람을 더 여유롭고 점잖게 만든다. 나는 내 주위에 최소한 100명에게는 이런 자유를 남겨주고 싶다. 호기심을 만족하기 위해서 《포브스》 선정 400대 부자 안에 들어가려는 욕심을 부린다는 것이 치열한 현대 사회 안에서는 허풍스럽고 경박한 말이라는 것도 잘 안다. 그럼에도 지붕 위에 뭐가 있는지 궁금한 아이처럼 사다리를 타고 올라가보려 한다. 다리가 부러질지도 모른다는 두려움도 있다. 하지만 부의 소유자가 아니라 관리자의 역할을 자처한다면 내가 언제든지 내려오고 싶을 때 내려오도록 사다리를 잡고 있을 100명이 나를 기다리고 있을 것이라는 생각에, 그 사다리를 한번 올라가보려 한다.

강호의
대가를 모아라

3

나이가 들면서 엉뚱한 버릇이 생겼다. 어디서 좋은 사람을 만나면 대뜸 친구하자고 덤비는 일이다. 그렇게 만난 사람 중에는 현직목사도, 기업체 대표도 있다. 10여 년도 넘은 일이다. 한때 신문에 칼럼을 연재한 적이 있었다. 그 칼럼을 보고 서로 이메일을 주고받던 이가 있었다. 한국에 나간 길에 몇 번 만나보았는데 볼수록 그 성품이 마음에 들었다. 어렸을 때 동창들을 만나보면 오히려 함께 지낸 추억 이외에는 삶의 궤적이 달라서인지 별로 마음 주고받을 일이 없었다. 마치 함께 등산을 했으나 건너편 봉우리에서 마주보는 느낌이었다. 오히려 이렇게 중간에 뒤늦게 만난 친구와는 같은 산을 오르는 느낌이 들었다.

　유진구 씨는 그렇게 만났다. 나보다 나이가 몇 살 많았지만 이 사람하고는 형, 아우를 하기보다 친구가 되고 싶었다. 양해를 구하고 허물없는 친구가 되었다. 뒤에 대학 2년 선배라는 사실을 알았으나 이미 늦은 일이었다. 우리는 격식을 차릴 일도 없고 연락이 없다고 무심하다 서운해 하지도 않는다. 언제 연락해도 여전히 반갑고 뜬금없이 싱거운 문자를 보내고 대답 없이 보기만 해도 좋은 사이다. 이제는 그 인연으로 함께 사업을 하고 가족 모두가 교류를 하며 우정을 유지한다. 내게 이런 친구는 과분하다. 비록 친구라 부르지만 내겐 선생 같은 사람이기 때문이다.

　나는 내가 직접 눈으로 만나본 사람들 중에 진구 씨보다 현명한 사람을 보지 못했다. 남의 말을 끝까지 듣는 재주를 가졌고 지위고하를 막론하고 인격을 존중하는 법을 알며, 어떤 사상이나 가르침에도 치우치지 않고 스스로 생각하는 방법을 갖춘 인물이다. 이런 친구가 내 앞에 나타나주는 바람에 내 인생이 얼마나 가치 있게 변했는지 모른다. 외롭다고 아무나 만나지 않은 것이 얼마나 다행인지.

　언젠가는 우연히 회사를 방문한 동네 목사가 나와 동년동시에 태어난 것을 두고 흥미로워 말을 이어가다가 친구가 됐다. 친구가 되는 조건은 간단했다. 서로가 서로를 존중하기로 한 것이다. 내게 교회 가자는 소리 안 하는 대신 성직자가 아닌 자연인으로 반겨주는 조건이었다. 가끔씩 문자를 주고받고 반말로 문자가 오가도 늘 재미있다. 서로 생일을 축하해주는 것도 즐거운 일이다.

누가 나이 들어 친구 사귀기가 어렵다 했는가. 지금 나이에 새 연애는 추문이지만 새로운 우정은 언제든지 우리 삶을 가치 있게 만들어준다. 은퇴를 얼마 앞둔 선배 한 분의 말씀이 새롭다. 늙으면 늙을수록 친구가 많아야 된다고 하시길래 이유를 물었더니 "자꾸 죽어" 하신다. 한번은 LA의 어느 회사를 방문했다가 한 눈에 성품이 마음에 드는 임원을 만났다. 사람은 사람을 알아본다고 손을 잡아 끌고 나와 친구 되기를 청했다. 쉰 넘어 사업상 만나는 사람에게 대뜸 그런 요청을 받는 모양새가 우습긴 했다. 하지만 그 사람도 나처럼 『삼국지』를 몇 번 읽었을 법한 사람이었다. 교분을 청하고 친구 되기를 원한다고 정확하게 말했다. 분명 쑥스러운 일이다. 하지만 맘에 드는 이성에게만 번호를 달라고 하는 것이 아니다. 훌륭한 친구 후보에게도 번호를 받을 수 있다. 이렇게 만난 친구가 라성원이다. 이 친구는 언어의 순발력이 대단하고 자기 일과 그 산업에 대한 자부심이 남다르다. 훌륭한 신앙인임에도 그 일로 타인을 불편하게 하지 않는다. 여자들이 듣고 싶어 하는 말과 여자들의 감정을 잘 알아서인지 내 아내와 처제는 그의 대단한 팬이다. 무엇보다도 유쾌하고 성실하다. 집으로 초대받아 근사한 음식도 얻어먹고 자녀들이 어떤 아이들인지 소개도 받아봤다. 나이 들어 만났으니 따라잡아야 할 일이 많았다. 출장이 잦은 친구라 자주 보지는 못해도 세상의 이곳저곳에서 문자를 보내온다. 어쩌다 같은 나라, 같은 도시에 있으면 후다닥 번개 미팅으로 그리움을 대신한다.

부부가 함께 친구가 된 경우도 있었다. 한번은 공항 라운지에서 차를 마시는데 저쪽에서부터 여자 분이 똑바로 나를 향해 성큼성큼 걸어온다. 간혹 비행기에서 아는 사람을 만나긴 했지만 딱히 누군지 생각이 나지 않았다. 인사를 하고 내 아내 이름을 부르며 "미영 씨 남편 분이지죠?"라고 했을 때야 생각이 났다. 큰아이와 같은 학교를 다니던 똑똑하고 유명한 아이의 엄마였다. 아이들이 어렸을 때 가끔 학교에서 마주치고는 했지만 따로 인사할 일이 없었다. 참 근사해 보이는 부부였다. 하지만 그때는 낯선 이에게 친구하자고 청할 배짱을 배우지 못했을 때였고 이미 성공한 그들의 중후함에 기가 죽어 감히 친분을 청하지 못했다. 바울이 엄마는 외국 공항에서 같은 동네 사는 사람을 보자 이유 없는 반가움에 낯선 감정을 감추고 인사를 청했던 것이다. 그것을 인연으로 집으로 돌아와 부부끼리 저녁 자리를 같이했다. 여자들은 사업을 하는 남편을 둔 사람들이 갖는 공통점에 공감하며 재미있어 했고, 남자들은 남자들대로 비슷한 경로를 통해 이민 사회에서 자리를 잡아가면서 느낀 회한을 나눴다. 우리 두 부부는 마치 연애하는 사람들처럼 서로에게 끌리며 자주 만났다. 차로 5분 거리에 사니 격식을 걷어버리고 함께 운동도 하고 밤늦게 차도 마시며 시간 가는 줄 모르고 지낸다. 그때 바울이 엄마 이현주 씨가 내게 인사하지 않았다면 이런 인연은 없었을 것이고, 멋진 신사인 홍범 씨도 만나지 못했을 것이다.

새로운 친구를 사귀는 것에 대해서는 나이를 두려워할 필요가 없다. 나는 이제 언제든지 좋은 사람들이 있으면 친구가 되어달라고 부탁할 배짱이 생겼다. 강호의 대가를 보면 나이나 성별이나 사회적 위치와 상관없이 의를 맺자고 청한다. 이런 용기가 없었더라면 내게 이런 친구들은 없었을 것이다. 그들이 없다고 생각하면 그 공허함을 어떻게 메울 수 있을까. 내 삶의 남은 시간들을 무엇 하며 보낼지 답답했을 것이다. 과거의 애인들이 지금의 내 삶에 가치를 주지 않듯이, 어린 시절 동창들이 현재 내 삶에 현실적 가치를 주지는 않는다. 그러니 밖으로 나가 지금 내 삶의 주변에 있는 사람들로 친구를 삼아 남은 삶을 즐기기 바란다.

Reader's Digest

너의 자녀들에게 아버지와 친구가 되거라.
둘 중에 하나를 선택해야 될 것 같으면
아버지를 택하라.
친구는 너 말고도 많겠지만
아버지는 너 하나이기 때문이다.

오줌을 눌 때는 바짝 다가서거라.
남자가 흘리지 말아야 될 것이
눈물만 있는 것은 아니다.

네 자녀를 키우면서 효도를 기대하지 말아라.
나도 너를 키우면서 너 웃으며 자란 모습으로 벌써 다 받았다.

『자기경영 노트』 '아들에게 주는 26가지 교훈' 중에서(김승호 지음, 2010)

자기결정권

4

내가 원하는 것을 해왔고 앞으로도 그렇게 살 수 있다면 내겐 자기결정권이 있는 것이다. 하지만 나는 내가 하고 싶지 않은 일을 하며 살아왔고 앞으로도 그럴 것 같다면 내겐 자기결정권이 없다.

자기결정권이 없는 삶이란 노예나 별반 다름없다. 내가 좋아 선택한 직업 안에서 내가 스스로 알아서 일을 할 수 있는 환경 속에 산다는 것은 인간의 실제 삶에서 가장 당연한 일이면서 가장 축복받을 만한 일이다. "지금 내가 결정할 수 있는 것은 아무것도 없다"라고 말하는 사람도 있을 것이다. 그러나 가만히 들여다보면 지금 내가 이 자리에 있는 것은 내가 그동안 내린 수많은 결정의 산물이다. 내겐 언제든지 내 환경을 바꿀 기회가 있었다. 중간에 어디서부터 포기했는지 모른다. 또는 내가 포기하고도 그것이 내 결정이라고 생각했을 수도 있다.

인간의 행복은 자기가 스스로 결정할 것이 얼마나 많으냐에 따라 결정된다. 우리가 돈을 벌려는 이유도 사실은 자기결정권의 확보를 위한 것이다. 쉬고 싶을 때 쉬고, 하고 싶은 것을 하고, 하기 싫은 것을 거부할 수 있는 권리 중에 상당히 많은 것들이 돈과 연결되어 있다. 거의 모든 것이 돈과 연결되어 있다. 물론 돈으로도 얻지 못하는 여러 상황들이 있으나, 재정적 자립이 사람의 삶을 얼마나 많이 지배하는지를 생각해보면 과히 틀린 말도 아니다. 하지만 많은 돈을 가지고 있는 사람들도 자기결정권을 제대로 사용하지 못하는 예가 많다. 그 이유는 돈을 수단으로 생각하는 것이 아니라 목표로 생각하기 때문이다.

결국 자기결정권은 자신이 가진 재산의 크기가 아니라 생각의 자유로움에서 시작한다. 생각이 자유로운 사람들이 돈을 가지면 완벽한 자기결정권을 가진다. 생각이 자유롭다는 것은 '스스로 생각할 수 있는 권리'를 포기하지 않는 것에서부터 시작한다. 지금 생각하는 당신의 생각이 진정 당신의 생각인지 스스로 생각해내야 한다. 내 생각 안에는 내 생각을 내 생각이라고 생각하게 하는 다른 생각들이 들어 있다.

미안함, 여론, 역사인식 부재, 절박함, 통계, 오래된 꿈, 팔랑귀, 욕심, 종교, 병든 몸 등등이 내 생각들을 스스로 생각하지 못하도록 막는다.

무릇 리더란 어떤 상황에서도 독립적으로 생각하고 판단할 능력이 있는 사람이다. 나는 전화기나 음악을 듣지 않는 상태에서 아침이나 저녁에 혼자 동네 걷기를 즐긴다. 그렇게 걸으면서 묵상하다 보면 종아리를 맞을 때처럼 번득이며 내 진짜 마음과 생각을 찾아가는 나를 본다.

당신의 종교 지도자가 뭐라 하든 당신 스스로 다시 한 번 경전을 읽고 묵상하기 바란다. 신이 종교 지도자라고 해서 경전 해석에 특별한 능력을 부여한 것은 아니다. 당신의 선배들이 이런 방법이 옳다 하면 그대로 따르기 전에 예전과 지금의 차이가 무엇인지 한번쯤 고민하기 바란다. 때때로 시기에 따라 전혀 반대 방법이 전술적으로 사용되는 경우가 너무 많기 때문이다. 책방에서 좋은 자기계발서를 읽고 나도 그대로 따라하면 될 것이라고 믿지 마라. 자기계발서의 상당수가 당사자의 경험이 아니라 전문가라고 칭하는 사람들의 교육서다.

간혹 직접 경험한 당사자일지라도 자신이 이미 이룬 성공을 후에 기술하는 과정에서 미화되고 과장되는 것들이 대부분이라, 그대로 따라하면 위험한 것들도 많다. 마치 주식에서의 자동매매 프로그램처럼 지나온 결과를 토대로 만들어진 방정식이 내일 승률을 보장하지 못한다. 과거를 알아본다는 용한 점쟁이가 미래는 엉터리일 수 있는 것과 마찬가지 이유다.

항상 스스로 생각하고 난 후 자기결정권을 올바르게 사용하기 바란다.

비행기 추락 사고라도 한번 나면 다들 공포심을 느끼고 자동차로 여행하기로 마음을 바꾼다. 비행기 여행은 자동차 여행보다 훨씬 안전함에도 불구하고 비행기는 자기 자신이 운행하는 것이 아니니 위험상황에서 자신이 아무것도 할 수 없다는 생각 때문에 그런 선택을 하는 것이다.

자동차 뒷좌석에 타기만 하면 멀미를 한다거나 내가 간지럼을 태우면 괜찮은데 남의 손이 배 근처에만 와도 죽겠다는 사람도 있다. 모두 자기결정권이 없기에 보이는 공포다. 자기결정권은 나를 바로 세우고 공포를 이기게 한다.

이런 태도를 지속적으로 갖추고 배워가면 자신만의 형태를 가진 멋진 인생이 탄생된다.

장사냐
사업이냐

5

만약에 내가 지금 내가 하는 사업의 초기에 도시락을 팔아서 돈을 벌겠다는 비즈니스를 계획했다면 지금쯤 잘하면 식당 서너 개 가진 식당주인이 되었을 것이다. 하지만 나는 프랜차이즈 비즈니스가 무엇인지도 모르는 가운데 프랜차이즈를 만들었다. 음식이 아니라 시스템을 팔려고 했더니 그것이 프랜차이즈 비즈니스였던 것이다. 요리사도 아니었고 욕심은 하늘만큼 컸었기 때문이다.

나는 언제나 장사가 아닌 사업을 하고 싶었다. 매번 사업체를 가질 때마다 장사에서 사업으로 가는 길목에서 주저앉곤 했다. 장사와 사업의 차이를 묻는 사람이 있을 것이다. 가장 큰 차이는 두 가지다.

하나는 시장을 바라보는 규모다. 장사는 동네만을 목표로 한다. 이 골목에서 살아남으면 그만이다. 잘되면 하나 더 만들거나 프리미엄 붙여 파는 게 목적이다. 사업은 이 골목이 아닌 이 사업을 하는 모든 가게들을 목표로 한다. 관리에 자신이 있고 자본에 여유가 있다면 직영점 형태로 하나씩 늘려가는 것이고, 자본이 없고 시간이 부족하면 프랜차이즈로 수백 개씩 여는 것이다. 결국 장사는 물품을 파는 것이고 사업은 매장을 파는 것이다.

두 번째 차이는 하나의 사업을 운영함에 있어 사장의 업무 범위다. 사장이 모든 것을 직원들보다 다 잘하는 경우는 장사다. 손님 접대도, 메뉴 개발도, 계산대에 서는 것도, 회계, 광고, 하다못해 문 밖에 광고지 붙이는 요령이나 주문음식 포장하는 것까지도 사장이 직원들보다 잘한다면 장사다. 반면, 유능한 사업가는 그런 일들을 자신보다 잘할 사람들을 키운다. 고객응대를 잘하는 매니저를 확보하거나 인성 좋은 직원을 가르쳐 자신보다 더 잘하게 독려하고 인정해준다. 주방장도 창의적인 메뉴가 나오도록 업무를 보호해주거나 고객이 갑자기 몰리면 사장을 불러 도움을 청하는 게 아니라 최선을 다하지 못했음을 미안하게 만드는 재주도 배운다. 시간제 직원이 오히려 계산대 사용 방법을 알려줄 정도로 교육도 되어야 한다. 어느 직원에게든 사장은 몰라도 될 정도로 직원들 스스로 업무 내용에 전문가가 되도록 구조적 작업을 할 줄 알면 사업가다. 이런 사업가가 되기 위해서는 직원들이 실수를 통해 성장하는 동안 단단히 참고 견뎌줘야 한다. 조급한 마음이나 눈에 뻔히 보이는 손실 때문에 잔소리를 하거나 제재를 가하면 직원들은 더 이상 성장하지 못한다. 제재하는 그 시점에서 그 직원은 성장 한계를 맞고 그 이상의 모든 일들은 사장이 해야 한다. 창업 초기에는 다방면에 재능이 많은 사장들이 사업을 효과적으로 운영하지만 직원들을 개별 업무에서 사장 자신보다 더 잘하는 사람으로 만들어주지 않으면 사업은 더 이상 자랄 수 없다. 그리고 그런 사장은 평생 자신의 일을 통해 밥을 벌어먹어야 한다.

장사꾼으로 남는 것과 사업가로 성장하는 것은 자본의 크기가 아니다. 그 사업을 보는 마음의 크기다.

언젠가 부산에서 열린 박람회에 참석했더니 해산물 식당을 하는 중년 부부가 소문을 듣고 찾아왔다. 식당을 몇 개 운영 중인 분들인데 장사는 잘되었다. 하지만 얼마 전에 새로운 경쟁자가 부산 시내에 수십 개가 넘는 식당을 순식간에 차린 것이다. 그 부부는 이해할 수가 없었다. 맛도 자기들보다 떨어지는 식당이 어떻게 자기들이 수십 년간 쌓아온 업적을 단박에 따라잡을 수 있는지 궁금하다며 의견을 물었다.

나는 단호하게 대답했다. "그것은 당신 음식이 맛있기 때문입니다." 그들은 당황했다. 맛있는 것이 왜 문제가 되는지 이해하지 못했다. "당신은 맛을 중시하는 사람이기에 사업가이기보다 요리사가 되길 원했습니다. 그러다 보니 당신은 모든 매장을 돌며 맛을 유지하는 데 엄청 노력했을 겁니다. 그 성실함 덕분에 다행히 몇 개의 매장이나마 가질 수 있었습니다. 그러나 당신 몸은 하나이니 더 이상

늘릴 수 없었겠지요. 반면 그 젊은 친구들은 맛보다는 어느 매장이나 실망하지 않을 정도의 동일한 맛을 유지하는 데 초점을 두었을 겁니다. 그렇게 구조화된 메뉴 관리방법을 개발했으니 수십 개의 매장을 열어도 문제가 없었을 겁니다. 당신이 장사를 한다고 맛에만 신경을 쓰는 동안 상대는 맛이 아니라 매장 분위기, 운영구조, 사업 이미지, 시장조사 등에 중점을 두는 사업가가 된 겁니다. 좋은 음악이라고 해서 대중적인 사랑을 받는 것이 아니듯이 맛이 있다고 모두가 좋아하는 것은 아닙니다. 맛은 환경에 따라 주관적인 겁니다."

그제야 부부는 무릎을 치며 돌아갔다.

장사를 잘하는 사람이 정말 성공하면 대박집을 운영한다. 그러나 그 사람이 시스템을 통한 구조적 사업을 하는 방법을 배우면 수백 개의 매장을 거느린 중견 사업가가 될 수도 있다. 여기서 한 단계 더 나아가는 방법이 있다. 사업가를 넘어선 기업가가 있다.

장사꾼은 하나의 업체를 중심으로 성공하고, 사업가는 그 업종을 중심으로 성공해나가지만, 기업가는 산업 전체를 중심으로 성장해 간다. 예컨대 떡볶이 매장을 가진 사람을 장사꾼이라 하면, 떡볶이 체인을 가진 오너는 사업가이고, 분식사업을 이끌면 기업가로 분류된다고 볼 수 있다.

과수원을 상상해보자. 그 과수원에는 많은 과일나무들이 있다. 이 나무들을 각각 하나의 산업으로 상징하자. 한 나무는 식품사업 나무다. 그 위에 큰 가지가 있어 각각의 가지는 제조산업, 유통산업, 식당산업 등으로 나뉘고 식당산업 위엔 작은 가지가 있어 한식, 일식, 중식, 이탈리아식, 분식 등등으로 다시 세분된다. 한식이라는 작은 가지는 다시 정식, 가정식, 전문식, 향토식 등으로 세분되어가면서 결국엔 칼국수나 비빔밥처럼 잎새로 산업을 이룬다.

사업을 하는 사람이라면 이제 어디로 가고 싶은지를 결정해야 한다. 아주 다행스러운 것은 어디를 목표로 하는 것은 자본의 크기가 아니라 마음의 크기라는 점이다. 내가 잎새에 만족한다면 이 글은 저 위에서 읽기를 그쳤어야 한다. 그러나 내가 가지를 움켜쥐고 싶다면, 또는 더 굵은 가지를 움켜쥐고 바람에 흔들리거나 계절이 바뀌어도 떨어지지 않으려는 욕심이 있다면 장사가 아닌 사업가를 꿈꿔라. 이를 넘어 기업가를 꿈꿔라.

내가 잡을 가지가 없다면 새로운 가지를 만들거나 새순이 올라오는 곳에서 기다려라. 그것이 어느 가지든 잎새가 아닌 가지를 가지는 순간 당신은 바람과 계절을 무서워하지 않듯 불경기나 유행을 두려워하지 않는 자리에 서게 될 것이다.

밥값 계산의
경제학

6

밥값을 잘 내는 사람과 밥값 낼 때마다 뒤로 빠지는 사람 중에 결과적으로 누가 더 성공할까?

셋째 동서는 남이 밥값 내는 꼴을 보지 못한다. 열 번을 먹어도 열 번을 내는 성격이다. 마산 바닥에서 밥 안 얻어먹은 사람이 없을 것이라는 처형의 설명이 사실일 것이다. 얻어먹는 것이 계면쩍어서 그런지 항상 밥값을 내다 보면 주위 사람들이 그러려니 하고 다음부터는 아예 낼 생각을 안 할뿐더러 비싼 것을 시키는 무리도 생겨난다. 언짢아도 그때뿐이다. 다음에도 역시 또 밥값을 내니 처형 속만 타들어간다.

반면에 매번 밥값을 안 내거나 식사 자리에 앉자마자 밥값 낼 만한 사람을 찾아 잘 먹겠다고 넙죽거리는 사람들도 있다. 그런데 이상한 것은 밥값을 잘 내는 사람은 자기가 밥값을 잘 내는 줄 아는데, 밥값을 안 내는 사람들은 자기가 밥값을 안 내는 사람으로 찍힌 사실을 모른다. 그 이유도 상당히 다양하다. 자기가 샀을 때만 기억하는 선별기억형, 집에서 싸온 음식을 나눠준 것도 자기가 산 것으로 계산하는 가정식형, 식사자리에서 재롱을 떨었다는 이유로 밥값을 대신하는 연예인형 등은 나름대로 상식적인 의무를 다한다고 생각한다. 더군다나 자신들은 인색한 것이 아니라 검소한 것이라고 생각한다.

자기가 살 것도 아니면서 쇠고기 먹자는 사람, 상대가 돈을 더 버니 당연히 내라는 사람, 아랫사람이니 당연히 얻어먹는다는 사람들은 모두 남의 아량에 기대어 인색한 사람일 뿐이다. 밥값을 안 내는 사람들은 결국에는 기혼 친구들이 모두 사라지고 선배들은 뒤를 봐주지 않으며 후배들은 무시한다.

이렇게 밥값을 내지 않고 모은 돈들은 그 성향의 근본이 인색함에 기인하기 때문에 절대 성공하지 못한다. 어느 누구도 인색한 사람과 인간관계를 맺고 싶어 하지 않기 때문이다. 나중에는 형제나 부모는 물론 배우자도 멀리하게 된다. 결국 밥값을 내지 않는 것은 경제적으로 손실이다. 이를 무시하면 진급, 사업기회, 상속, 선의의 혜택에서 완벽히 배제된다.

재정적으로 아무리 곤궁하다 하더라도 남의 밥값을 공짜 음식으로 생각하면 안 된다.

최소한 다음 규칙을 따르라고 권고한다. 연장자나 돈을 많이 버는 친구가 두 번 사면 나도 한 번 산다. 그러나 동료가 한 번 사면 나도 한 번 사야 한다. 아주 간단한 규칙이다.

아무리 밥값을 잘 내는 우리 셋째 동서도 누가 밥값을 안 내는 놈인지는 잘 기억한다. 그렇게 너그러운 사람도 밥값 이외의 일에는 절대 그 인색한 친구까지 챙기지 않는다. 사람들은 생각보다 작은 일로 사람을 평가한다. 타인의 배려를 검소함으로 위장해봤자 당신의 모든 다른 장점이 그것을 이길 방법은 없다.

밥값 내는 것이 버는 것이다.

게으름에 대한
찬양

7

라면을 끓이려 한다. 냄비에 물을 넣어 불에 올려놓는다. 물이 펄펄 끓기 시작한다(5분). 라면을 찾아 봉지를 열고 넣는다(4분). 다 익은 라면을 그릇에 옮겨 담고 상을 차린다. 김치를 꺼내오고 젓가락을 찾는다. 물을 한 컵 담아 온다(3분). 부지런하게 움직였더니 총 12분이 소요되었다.

이번엔 다른 방식이다. 냄비에 물을 올리자마자 라면을 바로 넣어버린다. 라면과 찬물이 함께 익으며 끓어오른다. 그 사이 김치와 젓가락과 물 한 컵을 준비해놓는다. 라면이 익으면 냄비째 상에 올린다(7분). 부지런하며 동시에 게으른 방식을 사용하는 경우, 그냥

물 끓는 시간이면 라면 요리가 완성된다. 7분 일찍 라면 먹는 것이 뭐 대수냐 할지 몰라도 인생 전체에서 이런 게으름을 통한 효율을 사용하면 인생을 하나 더 사는 것과 같은 효과를 볼 수 있다. 그렇게 얻은 나머지 시간은 마음껏 게으를 수 있기 때문이다.

나는 직원들이 출근하기 전에 아침 일찍 출근하길 좋아한다. 다섯 시 반쯤 출근하면 길도 안 막히고 출근할 수 있을뿐더러 누구에게도 방해받지 않고 조용히 일할 수 있기 때문이다. 먼저 이메일을 연다. 어제 들어온 모든 이메일을 확인하고 알고 있어야 할 내용들과 지시할 일에 대해 메일을 보낸다. 15분도 안 걸린다. 확인해야 할 뉴스나 정보들을 확인하고 자주 가는 사이트에 업데이트된 내용들을 훑어본다. 그래도 한 시간 내외다.

아직 해가 뜨지 않았지만 밖은 그런 대로 밝아온다. 회사 건물 안을 한 바퀴 둘러본다. 밖으로 나가 회사 정원에 심어놓은 나무와 꽃들에 변화가 있는지 살펴본다. 아침 9시가 되기도 전에 내 할 일이 끝나 있다. 수천억 원의 매출과 수천 명이 일하는 조직을 하루 한두 시간 정도 들여서 운영, 관리하는 동기는 나 역시도 게으르고 싶기 때문이다.

사람의 집중력이란 제한되어 있기에 오래 일을 한다고 해서 잘하는 것은 아니다. 인간은 누구나 자기가 흥미를 느끼는 일에 집중하기 마련이고, 직장 일이란 생계와 관련하여 어쩔 수 없이 하는 것이라는 점을 받아들이면 직원들이 장시간 일하는 것에 곤욕을 느낀다는 사실쯤은 쉽게 알 수 있다.

일이란 효율을 높이면 8시간 할 것도 2시간이면 끝낼 수 있다. 오히려 근무시간이 길면 긴 근무시간에 맞추어 일을 늘려가기 마련이다. 우리 회사는 오전 9시 출근해서 오후 4시면 퇴근이다. 주 5일 근무에 달력의 붉은 색깔은 다 찾아서 쉰다. 날씨가 흉흉하면 일찍 퇴근하도록 조치한다. 직원 하나하나의 입장에서 보면 회사는 그들의 삶의 목적이 아니다. 그들의 삶의 도구일 뿐이다. 그 법칙은 사주인 내게도 동일하다. 하물며 직원들이 회사를 자기 회사처럼 아껴주길 바라고 자기 일처럼 밤낮없이 일해주기를 바라는 것 자체가 문제가 있다.

나는 모든 직원들이 현명하게 게으를 수 있는 기반을 마련해주고 싶다. 바짝 몇 시간 일하고 나면 눈치 안 보고 4시에 퇴근해 가족에게 돌아가고 휴일이면 언제든 쉴 수 있어 여행을 다니고 친구들을 만날 수 있는 게으른 환경을 만들어주고 싶다. 누구든 그런 회사를 사랑하지 않겠는가?

덕분에 우리 회사는 지난 8년간 연평균 80%에 가까운 고성장을 이어가고 있다. 거의 해마다 회사가 두 배씩 커져가는 셈이다. 우리가 부지런한 것은 게으르기 위한 것이다. 게으름이야말로 부지런함의 목적이다.

THOUGHTS·BECOME·THINGS

무질서에서
질서를 발견했다고?

8

특히 금융시장에서 한번 대단한 성공을 거둔 사람들은 으레 자신이 특별한 패턴을 찾아내었다고 생각하고 이를 자랑한다. 그런 사람을 믿는 사람들은 그들 따라 투자를 하거나 어렵게 번 돈을 갖다 주고 그 행운을 함께 누리자고 요청하나, 그런 행운이 연거푸 찾아오는 일은 없다. 역사적으로 이런 행운들은 수없이 많았다. 그리고 아직까지 과거에서 미래의 질서를 찾아낸 사람은 없다. 그런 질서는 개울을 빠져나온 물이 강에 합류하면서 잠깐 시류를 따라 함께 흐르다 헤어지는 것과 같다. 그 잠깐 때문에 전체 물줄기의 흐름을 이해한다고 생각하는 것이 성공한 사람들이 갖는 오류다. 금융, 사회현상,

유행, 미래예측 등과 같은 일에 뛰어난 재주를 보이는 사람은 그 재주가 단순한 행운이라는 것을 거부한다. 그러면 사업가로 내가 성공한 것은 행운인가? 행운이다.

나는 미국 도시락 사업이 적당히 익어갈 때 이 사업을 알게 됐고, 휴스턴에 살았기에 경쟁자 없이 시장에 잠입할 수 있었고, 새 사업거리를 절실하게 찾아다녔고, 돈이 없어서 생각한 아이디어가 결국 이런 시장을 확대할 수 있는 여러 행운 안에 들어 있었기에 이 자리에 살아남은 것이다. 더구나 나는 배운 것이 유통이었다. 나는 지금도 매장에 어떻게, 어떤 방식으로, 어떤 구조에 맞춰 진열하면 상품이 몇 개가 팔릴지 가장 잘 아는 사람 중에 하나다. 이 재주를 가진 사람 중에서 휴스턴에, 그 시대에 살던 동양인이 얼마나 됐을까? 그러니 행운이 분명하다.

하지만 많은 성공한 사람들은 자신의 성공을 행운이라 말하고 싶어 하지 않는다. 그렇게 하면 자신이 조금 가치가 없어 보이기 때문이며, 고생한 노력도 어쩐지 인정받지 못할 것처럼 느껴지기 때문이다. 그래서 자신은 카오스에서 질서를 배운 사람처럼 이야기한다. 그리고 그런 규칙을 통해 다른 사람들도 성공할 수 있다고 말한다. 자꾸 말하다 보면 정말 자기 스스로도 그래서 성공한 것이라고 믿기도 한다. 그래서 강의를 하거나 후배들에게 이를 가르치려 하고 논리와 공식을 만들어내는 것이다. 하지만 성공한 사람들의 내면으로 돌아가면, 그럼 그 경험과 공식과 규칙을 가지고 처음부터 다시 이런 성공을 이룰 수 있겠느냐 자문하면 고개를 저을 것이다. 물론 한

번 이룬 사람은 다시 이룰 가능성이 높은 것은 사실이다. 하지만 성공의 패턴과 공식을 찾은 것은 절대 아니다. 그래서 많은 사업가들이 두 번째 사업에서 실패하고 만다. 자신의 성공에 대해 너무 자만하는 사람은 그 확률이 더 높다.

이 세상에서 성공의 공식을 찾아낸 사람은 없다. 그 누구도 카오스에서 질서를 찾아낸 사람은 없다. 날씨나 별의 경로와 같은 자연현상은 일부 예측이 가능하고 그 속에서 일정한 질서를 찾아낼 수 있다. 그러나 성공이나 금융 같은 것은 인간의 행동 현상이다. 인간의 세상은 어떤 방법으로도 질서를 찾을 수 없다. 금융 세계에서 그런 질서를 한나절만 찾았다 하더라도 세상 돈을 다 가져올 수도 있고, 삶에서 그런 공식을 찾았더라면 그 비밀이 순식간에 퍼져 누구나 다 성공한 사람들로 가득찰 것임에 틀림없다.

우리는 세상 사람들이 다 부자가 되고 세상 사람들이 다 성공하는 세상이 결코 올 수 없다는 것을 수학적으로 안다. 부나 성공은 상대적인 것이라서 누군가가 부를 가졌다면 누군가는 가난하다는 뜻이고, 누군가가 성공했다면 많은 사람들이 그 자리에 없다는 뜻이기 때문이다.

많은 사람들이 질서의 환상을 판다. 그들은 이 펀드가 작년에 최고 이익을 남겼으니 올해도 그럴 것으로 자신하고, 올해 말에는 이 자율이 떨어질 것이라고 신문지상에 당당히 발표하거나, 내년 부동산 경기는 3분기부터 살아날 것이라는 등 하느님도 모를 말들을 자신 있게 내뱉는다. 무모한 발언이다. 그들의 명성과 타이틀이 아무리 대단해도 그런 판단에 주의해야 한다. 그들이 진정 그것을 믿는다면 100% 자기 자산을 걸어 순식간에 부자가 될 수도 있겠지만, 나는 아직까지 그런 짓을 하는 사람을 보지 못했다. 그렇게 했다가 사라진 사람이 얼마나 많은지 본인들도 잘 알기 때문이다.

진실은 이것이다. 돈이나 성공의 세계에 질서란 없다. 패턴도 없다. 영원한 승자도 없다. 한번 얻으면 죽도록 지키기 위해 절제하고 조심하고 경계하여 살아남는 것이 가장 고전적 방법일 뿐이다. 패턴과 질서를 찾았다고 믿었다가 사라진 사람은 성공한 사람들보다 훨씬 많다. 하느님은 세상을 혼돈과 카오스로 운영하기 때문에 신이 되기 전에는 질서를 운운하다 모두 사라진다. 성공한 후에 겸손해져야 하는 이유이자 함부로 후배들에게 가르치려 들지 말아야 하는 이유다.

THOUGHTS·BECOME·THINGS

얻고 싶다면
주어라

2

다른 사람에게서 무엇을 얻으려면 무엇인가를 주어야 한다.

여자에게서 사랑을 얻으려면 헌신을 주어야 한다. 친구에게서 우정을 얻으려면 신의를 주어야 한다. 세상에서 인기를 얻으려면 재능을 보여야 하고, 사업에서 성공을 이루려면 신용을 주어야 한다.

무엇인가를 얻으려 한다면 내가 가진 것 중에 무엇이든 그 가치를 대신할 것을 내놓아야 한다. 공부를 하고 싶다면 시간과 잠을 포기해야 하고, 롤러스케이트를 배우고 싶다면 정강이를 내놓아야 한다. 지도자가 되고 싶다면 비난을 감수해야 하고, 유명해지고 싶다면 사생활을 포기해야 한다. 사장이 되고 싶다면 가족과 수명을 포기해야 할 수도 있다.

세상에는 공짜가 없다. 공짜는 가장 비싼 것을 가져가기 위한 숨겨진 대가일 뿐이다. 그러니 원하는 것이 있다면 무엇을 포기해야 할지를 결정하는 것이 순서. 원하는 것을 얻기 위해 아무것도 포기하지 않고 얻으려 한다면 결코 얻을 수 없을뿐더러 공짜처럼 얻은 것은 결국 사채이자처럼 혹독한 대가를 요구한다. 그래서 당신의 성공은 처음부터 성실해야 하고 신용을 갖춰야 하며 노력해야 하고 공부해야 한다. 그렇지 않고 얻은 모든 것은 반납하게 되어 있다. 쉬운 길에는 사람이 많고 지름길은 막다른 길로 변한다. 그래서 세상에는 쉬운 길도 지름길도 없다. 잠시 나타난 쉬운 길과 지름길이 인생 전체에서 나타나는 행운을 지금껏 나는 보지 못했다.

부정한 방법으로 성공하여 생긴 이익은 이익이 아니라 빚이다. 빚은 언젠가 갚아야 하고 내가 갚지 않으면 내 자식이라도 갚으라고 요구하는 것이 인생이다. 그것도 복리이자로 집요하게 찾아올 것이다. 성실과 정직이 가장 바르고 옳은 길임을 의심치 말고 순류에 따라 믿음을 갖기 바란다.

THOUGHTS · BECOME · THINGS

약점은
공개하면 장점

10

아내의 어려서 별명은 백여우였다. 백씨 성을 가진 여자들은 한 번씩 들어본 적이 있는 별명이다. 딱히 욕은 아니더라도 기분 좋은 별명도 아니었기에 싫어했단다. 자기가 백여우로 불렸다는 사실조차싫어했다. 아내에겐 그런 별명이 약점이었던 것이다. 백여우란, 백여시나 불여우 또는 구미호와 거의 동급에 가까웠기 때문이다. 그런데 나는 이런 부정적인 의미의 백여우를 영어로 바꿔서 브랜드 이름으로 쓰기로 했다. 몇 명이 부르면 별명이지만 많은 사람이 부르면오히려 친근감이 생겨나서 애칭이 된다는 것을 알고 있었기 때문이었다.

백여우SNOW FOX를 좋아하는 사람들이 늘어날수록 아내의 모멸감은 자부심으로 변해갔고,
이제 더 이상 백여우로 부르는 것을 싫어하지 않게 된 것이다.

흰여우를 부르는 영어 이름은 몇 개가 있다. 흔히 북극여우라 부르는 Arctic Fox는 발음이 부드럽지 않아 제쳐놨고 Polar Fox는 이미 누군가 등록해버렸고 … 남은 단어는 SNOW FOX였다. 발음도 쉽고 이미지 연상도 쉽고 한국어 백여우로 바로 번역이 되는 단어였다. 브랜드가 자꾸 알려지고 로고가 나오면서 회사 내의 여성 직원들 중에 백씨가 아님에도 백여우라는 별명을 탐내는 사람들이 나타났다. 백여우SNOW FOX를 좋아하는 사람들이 늘어날수록 아내의 모멸감은 자부심으로 변해갔고, 이제 더 이상 백여우로 부르는 것을 싫어하지 않게 된 것이다.

약점은 공개를 통해 장점으로 전환될 기회가 많다. 코미디언 이주일이 자신을 못생겼다고 공개적으로 말하자 그 얼굴이 호감형으로 바뀌었다. 리더로서의 가장 큰 약점은 자신의 약점을 인정하지 않으려 하는 태도다. 한 사람이 모든 방면에서 남들보다 뛰어날 수 없다는 점은 언제나 당연한 이치다. 그럼에도 자신의 뛰어남을 강조한다면 주위에 도움을 주는 사람들이 사라지고 오히려 방해하는 사람들이 생겨난다. 리더란 자신의 능력이 뛰어난 사람이 아니라 얼마나 자신의 부족함을 채워줄 사람들을 주변에 모을 수 있느냐에 따라 그 크기가 결정된다.

가장 힘이 센 사람은 권력을 가진 자도 아니요, 재산이 많은 자도 아니다. 주변에 그를 돕는 사람이 많고 그의 성공을 기원하는 사람이 많은 자가 가장 큰 힘을 가진 사람이다. 또한 약점에 대해 공개적으로 부족함을 표현하고 도움을 구할 수 있는 사람이라는 것이 주위에 알려지면 오히려 그에 대한 존경심이 높아진다. 작은 리더들은 말을 많이 하며 항상 가르치려 들지만, 큰 리더가 되려는 사람은 남에게 많이 듣고 도움을 청하는 것이 결코 자신의 가치를 낮추지 않으며 오히려 높이게 된다는 점을 잘 알고 있다.

이 세상에서 자신의 약점을 끝까지 약점이라 생각하지 않음에도 남들에게 인기를 얻을 수 있는 것이라곤 딱 하나뿐이다. 자신이 음치인지 모르고 끝까지 진지하게 노래하는 사람의 노래가 그것이다.

Reader's Digest

9·11의 여파가 가까스로 회복되어가자 이번에는 8개월에 걸친 매장 앞 도로 확장 공사로 인해 매출은 완전히 숨통이 끊어져 버렸다. 그렇게 세 번째 사업에서의 실패를 인정하던 날, 나는 모퉁이 구석 길가에 차를 세워놓고 귀를 막은 채 소리를 질렀다. 악~~~~~. 악~~~~~~~~. 그리고 집으로 돌아가 아내의 무릎에서 애처럼 울었다.

장한 아내는 다행히 나와 같이 소리 내어 울지 않았고, 잃어버린 재산보다 상처받은 내 자존심을 염려하며 등을 두드려줬다. 그 후로도 실패는 반복됐지만 패배는 반복되지 않았다.

— 「김밥 파는 CEO」 중에서(김승호 지음, 2010)

성공한 자와 크게
성공한 자의 13가지 차이점

11

풋내기 사장과 노련한 사장의 차이, 막 성공을 거둔 자와 성공을 지속하고 있는 자의 차이, 10억 부자와 100억, 1000억 부자 사이에는 분명한 차이가 있다. 이런 차이는 성공도 같은 성공이 아니며 자신이 얼마만큼 더 나아갈 수 있는지를 알 수 있는 평가 기준이 된다.

1 **처음 성공을 이루면 자신의 능력이라 생각을 하나, 크게 성공을 이룬 사람은 그 성공을 행운이라 생각한다.** 크게 성공한 사람들은 자신의 성공이 반복적이지 않을 것이라는 사실을 알기에 한번 성공에도 자만하지 않고 신중하게 된다. 반면 처음 성공을 이룬 자는

즉시 두 번째 성공을 위해 무리한 투자와 모험을 강행하다 쉽게 자멸하고 만다.

2 **성공한 자는 회사를 키워 팔려고 하지만 크게 성공하는 자는 죽을 때까지 회사를 가지고 있으려 한다.** 크게 성공한 자는 회사를 팔아서 남긴 돈으로 다른 더 좋은 사업을 찾는다는 것이 쉽지 않다는 것을 안다. 그래서 자신의 지금 사업을 평생 유지하는 데 전력을 기울인다. 매각한 재산으로 자신의 회사만한 이익을 발생시킬 만한 투자처를 찾을 수 없기 때문이다.

3 **성공한 자는 하루에 20시간씩 일하고 크게 성공한 자는 하루에 8시간만 일한다.** 많은 시간을 일한다는 것은 자신의 인건비를 벌고 있다는 뜻이다. 저녁 늦게까지 일을 할수록 직원들의 인건비를 줄일 수 있다고 생각한다. 그러나 크게 성공한 자는 시간당 수입이 아닌 사업당 수입으로 자신의 인건비를 계산하는 방법을 알기에 가정과 개인생활과 직장 일의 균형을 맞춘다. 따라서 아침 일찍 일하고 일찍 마무리를 한다.

4 **성공한 자는 규정과 규칙을 통해 성장을 유지하려 하고 크게 성공한 자는 규정과 규칙을 넘어섬으로써 성공한다.** 규모가 커지면 다양한 직원들이 조직에 합류하며 이들을 통솔할 규정이 필요하다. 그러나 이런 규정들은 조직과 사고에 경직을 불러일으켜 양날을 가진 칼처럼 해가 되기도 한다. 그래서 더 큰 성공을 이루는 자들은 규정과 규칙이 만들어진 원래 목적을 잘 이해하고 이를 통제한다.

5 **성공한 자는 선배에게 배우려 하고 크게 성공한 자는 후배에게 배우려한다.** 선배들의 성공담이 동일하게 적용되는 세상은 없다. 그리고 후배들은 새로운 시각을 준다.

6 **성공한 자는 회사를 바라보나 더 큰 성공을 하려는 자는 산업을 바라본다.** 회사란 한 산업의 가지나 잎사귀와 같다. 사업체 유지나 성장에만 급급한 사이 나무에 가뭄이 드는 것을 못 볼 수 있다.

7 **성공한 자는 조사와 기획을 좋아하고 크게 성공한 자는 직감과 통찰을 믿는다.** 시장조사는 생각보다 무의미하다. 소비자가 뭘 원하는지 소비자도 모르기 때문이다. 기획과 조사가 사업을 일으킨다면 사업도 수학공식처럼 공식화됐을 것이다. 아직까지 공식이 없다는 것은 직감과 통찰이 여전히 큰 힘을 발휘하고 있다는 뜻이다.

8 **성공한 자는 경쟁자를 이기는 것에 몰두하고, 크게 성공한 자는 자신을 이기는 것에 힘을 쓴다.** 이 세상의 가장 큰 경쟁자는 자신이다. 다이어트를 해보면 우리 자신을 이기는 데 얼마나 많은 노력이 필요한지 금방 알게 된다. 그리고 우리 자신이 얼마나 무서운 경쟁자인지도 알게 된다.

9 **성공한 자는 내 울타리 안의 경쟁자들과 싸우느라 정신없으나 크게 성공한 자는 울타리를 뚫고 들어오려는 경쟁자도 경계한다.** 자동차 산업이 구글의 눈치를 보게 되고 애플의 견제에 놀라게 될 줄 그 누가 알았을까? 현대 산업은 울타리를 넘어오는 정도가 아니라 울타리를 날아 들어온다.

10 **성공한 자는 기억력에 의존하나 더 크게 성공한 자는 메모와 기록을 믿는다.** 기억은 사실이 아니다. 기억은 조작되고 변형되고 잊힌다. 기록만이 사실을 유지시킨다.

11 **성공한 자는 물품을 갖고 더 크게 성공한 자는 현금을 갖는다.** 성공한 자는 감가상각비로 사라지는 보석, 집, 자동차, 명품 등을 사 모으나 크게 성공한 자는 부동산, 회사지분 등 수익이 발생하는 물품들을 사 모은다.

12 **성공한 자는 아끼는 데 관심이 많고 크게 성공한 자는 버는 데 관심이 많다.** 작은 것을 아끼기 위해 어떤 일을 관리, 감독하는 데 드는 비용이 아끼는 비용보다 더 들어가는 경우가 흔하다. 그래서 크게 성공한 자들은 차라리 그 시간에 더 벌 궁리를 한다.

13 **성공한 자는 자신의 능력보다 높여 살고 더 크게 성공한 사람은 자신의 능력보다 낮춰 산다.** 성공한 자는 자신의 성공을 자랑하기 위해 증거를 만들고 싶어 한다. 크게 성공한 사람은 그러다가 작은 실수로 모든 것이 날아갈 수 있음을 알기에 자신이 할 수 있는 가장 최대치에서 훨씬 여유 있게 생활을 구성한다.

· PART 5 ·

착하고 성실하되,
영악하고 게을러지자

아래 직원들에게 권한을 주고 책임을 부여하라. 그리고 믿어라. 믿지 못하겠으면 믿는다고 믿게라도 만들어라. 사람은 누구나 자신의 가치를 알아주고 믿어주는 사람을 위해 일하는 것을 사랑한다. 당신이 믿는 사람이 많아질수록 당신은 자유롭게 된다. 당신의 자유가 바로 당신의 가치다. 태어나서 남을 위해 일하지 않아도 살아갈 수 있는 자유야말로 사업의 꽃이다. 가족부양과 인생에서의 완벽한 자유, 이것이 사업가로서 가장 자랑스럽고 가장 존경받을 만한 가치인 것이다.

세상은 착하고 성실한 것으로 모든 것이 용서되지 않는다. 착하고 성실하며 동시에 영악하고 게을러야 한다. 영악함으로 선함을 보호할 수 있고 게으르고 싶어져야 일을 현명하게 처리할 수 있게 된다. 우리가 가진 장점이란 것은 다른 장점들이 함께 있을 때 장점이 되는 것이 많다. 착하고 성실한 것도 그중에 하나다.

똑똑한 사람들이 하는 실수, 과대망상증

1

사람들의 아이큐 평균을 내면 100이다. 아이큐의 기준을 그렇게 만든 것이다. 연령과 상관없이 전체 인구의 평균을 100으로 놓는다. 그래서 85~115 사이에 전체 인구의 68%가 들어가 있다. 그런데 많은 사람들은 누군가의 아이큐가 90쯤 된다 하면 원숭이에 가까운 것이 아닌가 생각을 하며 놀려댄다. 보통 사람들은 한 130쯤 되어야 정상인 것처럼 생각한다. 사실 오차범위를 생각하면 90이나 110이나 별반 차이도 없을뿐더러 100이면 정확히 전 인류의 한 가운데 자리하여 지극히 정상적이다.

나는 아이큐가 100인 사람들이 사업을 하기에 가장 좋은 머리를 가졌다고 믿는다. 사실 동료 사업가들을 보면 특별히 아이큐가 높은 계층은 아닌 것 같다. 생각건대 머리가 좋은 사람들은 사업을 하기에 안 좋은 몇 가지 습성을 가지고 있다. 내 짐작은 틀린 적이 없다는 과장된 자기만의 통계를 근거로 과대망상적 명탐정 놀이를 하는 경우다.

친구를 우연히 만났는데 옆에 서 있던 여자가 고개를 숙이고 인사를 하지 않았다는 이유만으로 숨겨놓은 여자가 있다더니 사실이라 믿는다. 저녁 시간인 데다가 마켓 앞이고 여자의 차림새가 평상복 차림이라는 이유로 근처에 살림집을 차렸을 것이라는 확신을 한다. 민낯이 부끄러워 인사를 안 했을 뿐인 친구의 아내는 두 주 후면 첩이 되어 있다.

거래처에서 주문이 조금만 적어져도 우리와 사업을 정리하는 수순이라 생각하거나 지난번 방문했을 때 인사치레를 안 했다고 그런가보다 걱정을 한다. 사람들의 평판과 눈치를 너무 많이 본다. 다양한 추측이 꼬리를 물고 끝도 없이 펼쳐진다. 그러나 많은 사람들은 의외로 당신에게 그다지 관심 없다.

간혹 불미스러운 일에 연루되어 신문지상을 오르내리던 사람들이 자살하는 경우가 있다. 세상 사람들이 다 자기를 가지고 놀릴 것으로 생각하며 극단적 방법을 택하는 것이다. 그러나 돌이켜보면 일반 사람들은 내일이면 잊을 일이다.

똑똑한 것과 현명한 것은 분명 다르다. 똑똑한 사람은 지적 분석력과 기억력을 가지고 아이큐 100인 사람들보다 더 좋은 판단을 내릴 수 있다고 믿는다. 그러나 현명함은 아이큐만으로 이뤄지는 것이 아니다. 현명함은 상대나 주변이 느끼는 감정을 공감할 줄 알 때 발현된다. 주변을 공감하면 명분이 만들어지고 명분을 이해하면 동의를 이루어낸다.

결국 사업이란 특별함으로 성장하는 것이 아니라 변하지 않는 가치를 유지함으로써 성장하는 것이다.

돈은
인격체다

2

대부분의 사람들은 세상을 살면서 돈을 버는 데 가장 많은 시간을 사용한다. 어떻게 돈을 벌 것인가는 현재 경제 활동 안에 들어 있는 사람들의 가장 큰 관심사다. 그럼에도 사람들이 흔히 착각하는 것이 하나 있다.

흔히 인간의 관념을 둘로 나눌 때 정신적인 것과 물질적인 것으로 나누는 경향이 있는데, 이때 물질적인 것의 대표적인 대상을 돈으로 생각한다. 나는 여기에서부터 돈을 버는 사람과 벌지 못하는 사람의 차이가 벌어진다고 생각한다. 돈 역시 단순한 물질적 대상으로 볼 것이 아니라 하나의 인격체로 생각해야 한다는 것이다.

돈은 인격체다. 돈에도 생명이 있다. 주머니에서 떨어진 동전을 우습게 여기고 줍지 않는다거나, 푼돈이라 함부로 대한다거나, 명분 없는 것에 거침없이 큰돈을 쓰는 모든 행위는 돈이라는 인격체에 대해 모욕을 가하는 일이다. 동전은 어린아이이고, 큰돈은 어른이다. 자기 아이를 함부로 대하는 상대를 좋아할 사람이 있겠는가? 그런 사람에게 돈은 다시 찾아갈 이유를 느끼지 못한다. 돈도 기분이 상하기 때문이다.

돈을 소중히 여기고 옳은 곳에 써주고 합당하게 대우해주면 돈도 그 사람을 좋아하고 다른 친구들도 데려오고, 또 떠나지 않으려 함께 모여 있기 마련이다.

우리는 나를 알아봐주고 나에게 합당한 대우를 해주는 사람에게 매력을 느끼고 만나고 싶고 함께 있고 싶어 한다. 돈 역시 어떤 행위들이 만들어낸 상황의 결과물이다.

세상의 모든 행위는 결국 연결이 되어 있다. 이는 비단 생명끼리의 교류뿐 아니라 무형, 비생물, 관념 등에서도 동일하게 일어나는 현상이다. 돈을 지나치게 사랑하는 사람은 돈도 그 사랑에 지쳐 도망가게 된다. 돈을 너무 무시하는 사람은 돈도 그 사람을 무시해서 가지 않는다. 아낄 때는 아껴주고 좋은 곳에 보낼 때는 흔쾌히 보내주는 사람이라면 돈도 그에게 다시 오고 싶어 한다. 그러니 돈을 인품을 가진 인격체로 생각하기 바란다.

검소와
인색의 차이

3

사장들의 흔한 실수 가운데 하나가 검소와 인색을 구분하지 못하는 것이다. 전기를 아끼는 것은 검소다. 그러나 일하는 직원들에게 옷을 두껍게 입히고 히터를 줄이는 것은 인색이다. 스스로 간단한 음식을 사 먹는 것은 검소이지만 직원들에게 싸구려 음식을 먹이는 것은 인색이다. 사장이 저렴한 옷을 입고 다닌다고 해서 직원들에게도 그렇게 살도록 강요하거나 삶의 모범처럼 자랑하는 것도 검소와 인색을 구분하지 못하는 일이다.

검소함은 자신에게 한정되어야 한다. 가족이나 직원, 그 누구에게도 그것을 강요하거나 가르치려 한다면 사업이 아니라 종교다. 자신이 갖춘 부를 자랑하지 않고 절제와 검약한 행동을 하는 것은 참 좋은 일이다. 그러나 그것은 어디까지나 자신의 행동 안에서 끝나야 한다. 인색한 사람들은 자신들이 인색한지를 모른다. 대부분 자신들은 아주 검소하며 그 검소함을 좋은 덕목으로 스스로 생각한다. 그러나 그 검소함이 다른 이에게 요구되는 순간, 검소는 인색으로 바뀐다.

자신을 벗어나면 누구나 인색한 사람이 된다. 직원들과 회식 자리에 가면 당신은 탕수육보다 짜장면이 맛있더라도 먼저 짜장면을 시키면 안 된다. 직원들이 다 주문을 하고 나면 비로소 주문해야 하며, 그래도 짜장면이 먹고 싶다 하더라도 팔보채를 시켜야 한다. 그리고 팔보채가 나오면 짜장면을 시킨 직원들과 나눠 먹으면 된다. 사장은 회사라는 조직의 리더일 뿐 선생이 아니다. 직원들과 사업상 결정에서 어른 역할은 할 수 있어도 인생에서 어른 역할은 억지다. 이를 인지하지 못하면 자신의 검소함을 자랑하고 직원들에게 강요하게 된다. 이런 사장을 둔 직원들은 인색한 사장을 다스리는 방법으로 회사 자산에 손을 대고 틈만 나면 충성심을 버린다.

사장은 작은 차를 타고 다니더라도 직원들에게는 큰 차를 타게 해주거나 큰 차를 타는 것을 나무라면 안 된다. 직원들 하나하나는 다른 삶의 목표가 있으며 이 직장을 다니는 이유도 사장과 분명 다르기 때문이다. 검소가 나를 벗어나는 순간 인색으로 변한다는 사실을 잘 인지하면 훌륭한 지도자가 될 수 있지만, 이를 인지하지 못하는 경우 자칫 상황이 나빠지면 아무도 내 곁에 없게 될 것이다.

여기가
천국

4

죽어서 멋진 세상으로 가고 싶어 하는 종교적 믿음을 갖고 있다면, 당신께 드릴 근사한 뉴스가 하나 있다. 굳이 죽어서 가지 않아도 거기에 갈 수 있다는 뜻이다.

인간은 누구나 행복하길 원한다. 그리고 이 행복이 이 세상으로 만족을 못하기에 내세에 이어지기를 바라는 마음에 신앙을 갖고 천국을 지향한다. 하지만 나는 천국이 이 세상 삶에 비해 별거 아닐 것이라는 확실한 증거를 가지고 있다. 내 목사 친구들을 비롯해서 온갖 영적인 것에 관심 있는 이들 중에서 오늘 죽고 싶은 사람은 아무도 없다. 항상 수입을 어떻게 조금이나마 늘릴까 걱정하며 영양제를 챙겨 먹으며 운전할 때 안전벨트를 꼭 맨다. 하물며 골프만 매일 칠 수 있다면 천국 안 가도 된다는 이도 있었다. 그 좋다는 천국에 빨리 가고 싶은 사람은 아무도 없다.

이것이 말하는 것은 분명하다. 아무리 신앙이 강한 사람도 불확실한 미래보다는 지금 살아 있는 이 세상이 훨씬 더 낫다는 것이다. 그럼 이곳이 천국이다. 그 수많은 신앙인들 중에 지금 바로 죽어서 천국에 가는 것과 영원히 이 세상에서 살아갈 수 있는 선택권을 준다면 천국은 텅텅 비어버릴 것이다. 나는 천국이 바로 우리가 지금 사는 이 세상이라 믿는다. 우리는 지금 천국에 와 있다. 그런데 이곳을 천국으로 만드느냐 아니냐는 각자 자신의 선택일 뿐이다. 그리고 이를 가르치고 이 천국의 고귀함을 느끼게 하려고 인간의 수명이 정해져 있다 믿는다.

지금 여기가 천국인지 모르고 죽어서의 천국을 지향하고 지금 이 자리를 경멸하며 함부로 인생을 낭비하는 사람을 보면 안타깝기 그지없다. 수많은 사람들이 천국에 살면서 그 천국의 시간을 소파에 누워 감자 칩으로 보내거나, 게임을 한다거나 술로 날려보내며 의미 없이 하루하루를 버리는 것을 본다. 주어진 하루하루를 내다 버리는 사람에게는 천국을 주고 싶지 않아 하늘이 여기를 천국이라 말하지 않나 보다.

열심히 일하고 열심히 공부하라. 마음껏 사랑하고, 우정을 나누고, 상처받은 이를 위로하고, 사회에 참여하고, 투표하고, 놀이를 즐기고, 예술 활동을 하나라도 해보라. 꽃이나 채소 또는 동물을 키워라. 당신이 정말 이 세상을 떠났을 때 남은 자들이 당신과 살았던 그때가 천국이었음을 아쉬워하도록 삶에 흔적을 남겨라.

무릇 종교란 그 종교를 순결히 흠 없는 진리라 생각하는 순간, 그 종교가 말하고자 하는 진리에서 멀어지게 되어 있다. 여전히 죽어서 가는 천국을 완벽한 행복의 종착지라고 생각하는 사람들에겐 내가 말하는 이 세상의 천국을 설명할 방법이 없다. 하지만 이 한 번뿐인 삶의 가치를 고귀하게 생각하는 사람에겐 여기가 천국이라는 내 표현을 이해하는 순간에 바로 이곳 천국에 자신이 살고 있음을 알게 될 것이다.

이 인생이 두 번 다시 오지 않는다는 것을 절실히 느끼는 순간, 바로 지상에서의 당신의 천국이 시작된다.

분산투자로 부자가
된 사람은 없다

5

자산 운용을 조언하는 사람들이 권하는 가장 보편적인 투자형태 가운데 하나가 분산투자다. 위험을 방지하기 위해 투자처를 분산해놓는다는 고전적 투자 방식이다. 그러나 생각해보자. 이 세상에 분산투자를 통해 부자가 된 사람이 있을까?

당신이 식당을 차린다고 하자. 그 골목 상권에 손님들이 뭘 원하는지 모르니 한식, 일식, 중식 메뉴를 골고루 넣어 메뉴판을 만들 것인가? 당신은 사업을 시작하고자 한다. 어떤 사업이 잘될지 모르니 편의점도 하나 차리고 인쇄소도 차리고 책방도 하나 인수할 것인가? 아니다. 사업을 할 때는 해당 업종에 대해 수년간 공부도 하고 업계에서 나름 경력도 쌓은 후에 온 힘을 다해 전력질주하지 않는가. 사업은 그렇게 하면서 돈을 투자할 때는 왜 분산해놓는가?

분산을 통해 리스크를 줄인다는 말은 부자가 될 기회도 없다는 뜻이다. 또한 분산투자에 유혹을 느끼는 것은 그 분산된 어느 곳에도 100% 자신이 없다는 반증이기도 하다. 분산투자가 유용한 시기가 있긴 하다. 당신이 이미 부자가 되어 그 자산을 지키는 것이 더 큰 목적일 때다. 급여와 저축만으로는 절대 부자대열에 들어가지 못한다. 큰 부자가 된 사람들 중에서 분산투자를 통해 부를 축적한 사람은 단 한 사람도 보지 못했다. 부자들은 기회가 적은 가운데에서도 사업에 성공했거나 언제, 어디선가 투기적인 성향의 투자를 통해 대형 수익을 얻은 사람들을 뜻한다. 한 바구니에 달걀을 다 담았다가 깨질까 겁이 나서 달걀을 이리저리 숨겨놓으면 어디 뒀는지 잊어버리기 쉽다.

이 분산투자 이론이 가장 많은 지지를 받는 곳은 주식시장이다. 증권업계 사람들은 자신들이 조사해놓은 주식들 중에 투자적격으로 판단되는 주식들을 여러 개로 나눠 주식을 사라고 권한다. 하지만 아무리 우량주라도 위험은 존재하며 그렇게 조사해놓은 주식들이라 할지라도 골고루 다 오르는 것도 아니다. 더 흥미로운 것은 정작 증권가에서 일하는 사람들도 그 주식이 정말 100% 오른다는 확신을 갖지 못한다는 것이다. 확실한 주식이라면 이미 자신들의 전 재산과 레버리지를 이용해서라도 확보해놓고 은퇴할 준비를 하고 있을 것이다.

분산투자도 하지 말고 증권회사 직원 말도 믿지 말라면 어떻게 투자를 해야 할까? 간단하다. 당신이 주식을 사고자 한다면 단 한 주를 사더라도 그 회사를 몽땅 사겠다고 마음먹었을 때처럼 행동하면 된다. 회계장부를 열람하고 회사를 방문하고 담당 직원을 만나봐라. "주식 몇 장 사는데 그 무슨 요란이람?"이라고 반문하거나 그럴 시간과 자신마저 없다면 주식투자를 하면 안 된다. 그렇게 조사한 회사가 정말 당신 마음에 들어 평생 그 회사와 함께하고 싶을 결심이 생길 정도가 되면 모든 것을 그곳에 넣고 기다려야 한다. 만약 정부에서 법으로 1인당 평생 다섯 번만 주식을 사고 팔 기회를 준다면 당신은 얼마나 신중하게 결정할지 짐작이 가지 않는가. 그런 마음으로 회사를 선정하고 난 후에 자신의 투자 성향에 맞추어 모든 투자금을 넣으면 된다.

이제 내 투자에 대해 자신도 있고 안심도 된다. 왜냐하면 나는 그어떤 증권회사 직원보다도 내가 선정한 회사에 대해서는 조목조목 모르는 게 없기 때문이다. 언제 신제품이 나오고 경영진에서 누가 바뀌었는지, 시장판도가 어떻게 진행되는지도 너무 잘 안다. 이번 분기 이익률이 지난 분기나 전년도 분기에 비해 얼마나 차이가 나는지도 잘 안다. 왜냐하면 증권 중계인은 여러 주식 중 하나로 그 주식을 상대하지만 나는 내 회사이기 때문이다.

부자 반열에 오르기 위한 가장 좋은 투자란 투기적 요소가 있는, 즉 한 방 크게 먹을 수 있는 곳을 찾아내서 내 재산 거의 모든 것을 걸어도 좋겠다 싶은 곳에 몰빵하는 것이다. 이 방식에 상당히 많은 전문가들이 거부감을 나타내고 온갖 논리로 이를 부인하려 할 것이다. 재미있는 것은 이를 무시하는 전문가 중에 정작 진짜 부자는 없다는 것이다.

자수성가해서 부자가 된 사람들은 무모할 만한 부동산 투자, 비웃음을 견디고 상장에 성공한 회사주주, 1%의 가능성만 보고도 전 재산과 가족을 걸고 성공시킨 사업체 사장들이다. 이 같은 사람들은 모두 (자신들이 이러한 사실을 알는지 모르겠지만, 이들 모두가) 몰빵 투기식 투자를 성공시킨 사람들이다. 그러니 부자가 될 가능성이 없는 사람들 중에 진짜 거부가 되고 싶다면 무엇인가 내 모든 것을 몰빵할 만한 것을 찾아 모든 재산과 모든 노력을 다 퍼부어라. 그만한 용기와 배짱 없이는 진짜 부자가 될 수 없다. 그냥 복권이나 사고 늙은 부모가 부자가 되길 기다리는 수밖에 없다.

THOUGHTS·BECOME·THINGS

별자리와 혈액형, 그리고 다단계

6

나는 별자리나 혈액형에 따라 사람들의 운명 또는 성향이 구분된다는 논리를 진지하게 믿는 사람, 다단계 경험이 있는 사람들은 거리를 둔다. 그런 논리를 믿는 직원들을 승진시키고 싶지도 않고 주변 친구들이 그런 논리를 믿는다는 사실을 아는 순간 진지한 교류는 이어질 수 없음을 느낀다. 이는 한 인간에 대한 가능성과 그 성품의 다양함에 대해 얼마나 무지한가를 보여줄 뿐이기 때문이다.

운명은 그 생각의 크기와 방향에 따라 얼마든지 변하고, 불과 몇 가지 혈액형으로 인간의 성향을 나누기에는 터무니없는 일이기 때문이다. 다단계는 좀 다른 이야기이긴 하나 미묘하고 아름다운 인간관계를 가족부터 시작해 친척, 친구를 비롯하여 모든 아는 이들을 사업거리로만 만들기에 가장 비열한 돈벌이 가운데 하나로 본다. 한 사람의 가능성과 다양성을 이해하는 것이 사랑의 시작이다. 내가 그를 만나 더 좋은 사람이 되었을 때야 비로소 인간존재의 가치를 가진다. 그 가치를 돈벌이로 보는 사람들이 참으로 안타깝다.

Reader's Digest

데니얼은 열여덟 살 때 삼 일을 굶어가며 멕시코 국경을 기어서 미국으로 넘어왔다. 어느 날 인력시장 주차장에서 직업을 구하는 사람들 무리에 섞여 깨끗한 모자를 단정히 쓴 그가 눈에 띄었다. 남들처럼 벽에 등을 기대지 않고 반듯이 서서 자기에게 일자리를 줄 사람을 찾는 모습이 마음에 들어 데려왔는데, 이젠 10년을 함께 일하며 건장한 청년이 되었다. 이미 열일곱 살에 결혼해서 아내와 아이를 둔 데니얼은 재작년에 고향을 다녀왔다. 하루 일당이 2달러도 안 되는 시골 어느 멕시코 촌동네가 고향인 그가 벌써 3만 달러나 아버지에게 보내 집 사놓고 땅 사고, 그야말로 금의환향하여 그 동네에선 갑부 소리를 듣는 유명한 청년이 되었던 것이다. 일터에 돌아와서는 마치 내 일같이 알아서 쉼없이 모든 일을 척척 해내고, 언제나 표정이 밝아 함께 일하는 사람들이 모두 즐겁다.

『자기경영 노트』 중에서(김승호 지음, 2010)

THOUGHTS · BECOME · THINGS

가장 나쁜 아내,
가장 나쁜 직원

<u>7</u>

세상에서 제일 살기 힘든 아내가 착한 아내이고, 제일 다루기 힘든
직원이 열심히 일하는 직원이다. 다분히 역설적인 뜻이 아니다. 겸
손한 사람들은 자신이 겸손하다고 생각하지 않는데, 착한 사람은 자
신이 착하다는 것을 안다.

착한 아내는 남편과 자식을 위해 헌신하고 언제나 필요 이상으로
챙긴다. 성격도 순하고 앙심을 품는 일도 없다. 그러다가 서서히 보
상심리가 발동한다. 자신이 헌신한 것에 비해 지금까지, 그리고 이
후에도 자식들이나 남편으로부터 대우나 보상도 받지 못하리라는
사실을 아는 순간부터 자신만의 권력을 사용한다. 이 권력을 고집이

라 부른다. 그리고 이 고집은 일정한 규칙이 있는 것이 아니라 불특정하게 나타난다.

취향에 상관없이 잡곡밥을 강제한다거나 온 집안의 컴퓨터를 거실로 옮겨놓기도 한다. 이유가 없는 것은 아니다. 가족의 건강을 위하고 가족의 화목을 위해 각자 방으로 도망가는 아들들을 거실에 붙들어놓겠다는 명분은 있다. 그러나 가족을 핑계로 사소하고 작은 결정에서 아이들이나 남편에게 수많은 규칙을 요구하고 지시한다.

이런 행동에는 두 가지 이유가 있다. 하나는 자신은 피해자이니 이 정도는 내 맘대로 하겠다는 반발과 나는 여전히 착한 사람이므로 전체 이익을 위해 행동한다는 선의를 가지고 있다는 생각이다. 이런 여자들은 주변의 충고나 권고도 듣지 않는다. 자신은 너무 착한 여자이기 때문이다. 착하기 때문에 옳다고 생각하는 것이다. 착한 아내와 엄마를 둔 남편과 자식들은 어디에서도 그들을 이해하거나 동조해줄 사람을 구할 수 없다. 형제도 부모도 착한 아내 덕분에 호강하고 잘 지내는 줄 안다. 하지만 막상 가족들은 숨을 쉴 수도 없는 상황이다.

열심히 일하는 직원 역시 사내에 골치일 수 있다. 한 직원에게 박람회에 참여한 모든 업체의 팸플릿을 걷어오라는 지시를 내린 적이 있다. 두 시간 정도면 충분할 텐데 문을 닫을 시간인데도 나타나지 않았다. 뒤늦게 나타난 직원의 손에는 팸플릿이 몇 장 없었다. 이유를 물어보니 팸플릿만 걷는 것만으로는 회사에 도움이 될 것 같지 않아 각 업체에서 제품설명까지 하나하나 듣고 다녔다는 것이다. 그는 노트에 가득 적은 메모를 보여주었다. 덕분에 우리는 다음날까지 행사에 참여할 수밖에 없었다.

한번은 새로 런칭하는 제품을 거래처에 소개할 일이 있었다. 인근 지사를 통해 이 제품을 해당 회사에 배달을 시켰다. 사안이 중요한 만큼 지사 책임자를 보냈다. 정시에 담당 회사의 임원에게 정확히 배달만 하고 제품에 대한 설명이나 회사 내용에 대해선 함구하라고 지시했다. 마케팅 팀에서 세부 사항을 흥정 중에 있던 관계로 영업상 혼선을 주고 싶지 않기 때문이다. 그러나 의욕이 앞선 관리자는 명함을 돌리는 실수를 하며 자신이 그 지역 관리자라고 알리고 말았다. 그러자 그쪽 임원은 해당 제품에 대한 자세한 소개를 부탁했고 가격과 후속 서비스에 대한 여러 질문을 퍼부었다. 본사 마케팅 부서가 도착하기도 전에 어렵게 잡은 미팅 기회를 풍비박산내버렸다. 후에 이유를 추궁하니 거래가 성사되면 자기가 그 회사를 관리하게 될 테니 미리 자신을 소개하고 그쪽 임원들과 친해지고 싶었다는 설명이었다.

항상 열의가 가득했던 그 관리자는 두 시간 떨어진 곳에 있는 매장에서 문제가 생기면 하루에 몇 번씩이라도 왔다갔다하면서 자신의 성실을 증명했다. 그러나 그들의 상사들은 해당 매장의 사고는 미리 충분히 방지할 수 있는 문제로 봤다. 결국 자신의 관리부재로 일어난 일을 자신이 해결하겠다고 열심이었던 것이다. 그 일로 필요 없는 회사 비용을 사용했으되, 한쪽으로는 자신의 열성에 대해 칭찬받기를 바라는 태도를 보였다. 그는 해고되는 순간까지도 자신의 성실함을 자랑했으나 경영진 입장에서는 성실하게 부지런히 사고를 치고 다니는 사람에 불과했던 것이다.

세상은 착하고 성실한 것으로 모든 것이 용서되지 않는다. 착하고 성실하며 동시에 영악하고 게을러야 한다. 영악함으로 선함을 보호할 수 있고 게으르고 싶어져야 일을 현명하게 처리할 수 있게 된다. 우리가 가진 장점이란 것은 다른 장점들이 함께 있을 때 장점이 되는 것이 많다. 착하고 성실한 것도 그중에 하나다.

Reader's Digest

사업은 비관주의자들이 방치하거나 내버린 것을 낙관주의자들이 줍는 싸움이다. 비관적인 사고를 가진 사람은 새로운 비즈니스를 절대 찾아내지 못한다. 같은 상황을 놓고도 비관적으로 생각하면 해결 방법이 없어지고 낙관적으로 보면 길이 보인다. 문제가 생기면 기회도 함께 생긴다. 그러므로 문제가 발생하면 어떤 기회를 잡을까 살펴보는 버릇을 들여야 한다. 비관주의자는 앞으로 나아갈 생각을 못한다. 비관이 눈과 생각을 가리기 때문이다. 낙관주의자는 절대 포기하지 않는다. 고개를 돌리면 뒷그림이 보이기 때문이다.

「김밥 파는 CEO」 중에서(김승호 지음, 2010)

내가
돈을 버는 이유

8

내가 돈을 버는, 상당히 분명하고 명확한 이유가 두 개 있다. 첫째는 가족을 부양하기 위해서다. 가족을 부양한다는 것은 남자와 가장의 입장에서 가장 현실적인 이유다.

나는 내 가족을 보호하고 그들의 안녕을 위하는 모든 일에 내가 버는 돈들이 사용되는 것에 만족을 느끼고 한편으로 자부심도 느낀다. 혹자는 지나친 가족애가 사회의 폐쇄성을 유발하고 이로 인한 사회활동의 무관심으로 시민들의 권리와 자유가 퇴보할 것으로 우려하기도 한다. 그러나 나는 자기 가족만을 부양하는 것이 아니라 자기 가족만은 자기가 부양해야 한다는 책임감이 오히려 사회정의를 고양시킬 수 있다고 믿는다.

가족에게는 아주 인색하되 남들에게는 지극히 너그러운 아버지를 둔 사람들이 있을 것이다. 그런 아버지 밑에서 자란 자녀들과 아내에게 남는 것은 참 좋은 아버지를 두어서 좋겠다는 허울뿐인 평판과 빚보증뿐이다. 그런 아버지들은 내 재산과 시간과 재능을 남을 위해 사용하는 데 보람을 느끼고 삶에 가치를 얻는다. 자신에게 엄격하고 타인에게 관대한 행위다. 자신에게 엄격하고 남에게 관대한 것은 분명 미덕이다. 하지만 그런 아버지들은 자신과 가족을 동일시하면서 문제가 발생한다. 자기 자신과 가족은 엄격히 구분해야 한다. 아내와 자식은 가족 이전에 독립적인 인격체이기 때문이다.

인류에게 좋은 일을 하기 전에 우리나라에 좋은 일을 하고, 우리나라에 좋은 일을 하기 전에 우리 지역사회에 좋은 일이면 더욱 좋다. 우리 지역사회에 좋은 일이 힘들면 가까운 친척, 친구들이 먼저고 당연히 친구나 친척보다 우리 가족이 먼저다. 당신의 역량에 따라 가까운 가족부터 우선 책임지고 여유가 남으면 친척들과 친구들을 챙기고 지역사회로, 국가로 퍼져가면 되는 것이다. 강아지에게 달걀 삶아주고 소고기 먹이기보다는 굶어가는 아프리카 아이들 돌봐주고 수천 마일 떨어진 다른 나라의 어린이보다 뒷집에서 끼니를 굶는 아이를 살펴주는 것이 우선이라 생각한다.

나는 내가 버는 돈이 가족을 비롯하여 내 지근거리의 사람들부터 혜택을 보기 바란다. 가족, 친척, 직원, 친구 등이 먼저 만족해야 한다. 조카아이가 학교를 못 가는데 엉뚱한 대학에 장학금을 기부하면 안 된다. 직원들의 급여가 만족스럽지 않은데 회사가 지역사회에 수억 원씩 기부를 해도 안 된다. 물은 위에서부터 아래로 흐르는 것이 순리다.

돈을 버는 두 번째 이유는 인생의 시간을 사기 위함이다. 내겐 인생이 딱 하나 있다. 돈을 벌었다고 해서 두 개의 인생을 사거나 세 개를 가질 수는 없으나, 돈은 내 인생의 주어진 시간 중에 내가 하고 싶은 일만 할 수 있도록 도와준다. 하지만 사업이 커지면 커질수록 돈이 많아지는 것은 좋으나 돈을 많이 벌기 위해 시간을 더 써야 하는 악순환이 이어진다.

사장이 바쁘다는 것은, 일의 규모가 아니라 마음 가짐이다. 사장은 바쁘고자 하면 얼마든지 바쁠 수 있고 한가하고 싶다면 얼마든지 한가할 수 있는 자리다. 바쁘게 일함으로써 성과를 내는 방법도 있으나 하지 않음으로써 더 좋은 성과를 내는 방법도 있다.

누군가에게 권한을 부여하기가 미덥지 않아 계속 참견하고 관리하는 성격은 아무리 회사가 커져도 자신의 인생을 가질 수 없다. 그에게 삶의 목적이 일이라면 그것마저 나무라지는 못하겠다. 그러나 회사를 운영하기 위해 태어난 것이 아니라면 일을 하지 않는 방식으로 일해야 한다. 아래 직원들에게 권한을 주고 책임을 부여하라. 그리고 믿어라. 믿지 못하겠으면 믿는다고 믿게라도 만들어라. 사람은 누구나 자신의 가치를 알아주고 믿어주는 사람을 위해 일하는 것을 사랑한다.

당신이 믿는 사람이 많아질수록 당신은 자유롭게 된다. 당신의 자유가 바로 당신의 가치다. 태어나서 남을 위해 일하지 않아도 살아갈 수 있는 자유야말로 사업의 꽃이다. 가족부양과 인생에서의 완벽한 자유, 이것이 사업가로서 가장 자랑스럽고 가장 존경받을 만한 가치인 것이다.

사장은
건강해야 한다

9

사람들은 다이어트를 통해 몸을 건강하게 만들고 살을 뺄 수 있을 것으로 믿는다. 그러나 사람의 몸은 간헐적인 다이어트로는 바뀌지 않는다. 바뀌는 척을 할 뿐이다. 벽으로 던져진 공처럼 재빨리 튕겨 나올 뿐이다. 모든 다이어트는 음식을 조절하여 살을 뺄 수는 있어도 다이어트가 끝나면 원래대로 다시 100% 돌아온다.

사람의 몸은 그 사람의 생활 패턴을 그대로 반영한 결과물이다. 다이어트는 일시적인 생활 패턴이므로 몸에 긍정적인 변화를 줄 수 없다. 당신이 다이어트를 결심하든지 운동을 결심하든지 살을 빼기로 마음먹었다면 지속 가능한 행동을 할 수 있는 것에 초점을 맞춰야 한다. 다이어트를 하려면 평생 할 만한 식습관을 중심으로 개선하고, 운동을 하려면 평생 지속 가능한 운동범위를 고려해서 해야 한다. 만약 지금 하는 운동이나 다이어트를 평생 지속할 자신이 없다면 지금 그만두거나 나중에 그만두거나 같은 결과를 얻게 될 것이다. 그러니 급격한 다이어트보다는 간식을 절제하고 탄산음료보다는 물을 섭취하고 설탕이나 지방을 덜 섭취하고 가능하면 걷고 계단을 이용하는 등 평생 유지해도 별 무리 없이 할 수 있는 것들을 골라내어 생활화하는 것이 최선의 방법이다.

다이어트나 운동의 최종 목표는 건강한 몸이다. 몸이 바뀌면 마음이 바뀌고 마음이 바뀌면 몸도 바뀐다. 좋은 습성들이 내 생활에 많이 들어올수록 내 허리는 곧아지고 복부지방은 사라지고 엉덩이는 올라가고 피부는 고와지는 것이다. 억지로 다이어트나 무리한 운동을 해서 얻은 몸은 결국 내 습관에 질 수밖에 없다. 다이어트를 결심하려 한다면 평생 지속 가능한 생활습관을 찾아내는 것을 시작으로 준비해보기를 강력 권고한다.

평소에 쌓은 생활습관의 결과가 결국 나 자신이다. 우리가 먹는 것이 나 자신을 이루고 있고 나의 습관이 나의 모습이다. 내가 과체중이란 이야기는 내가 먹는 것과 나의 습관이 올바르게 형성되어 있지 않다는 뜻이다. 삶이 성실하고 먹는 것에 지나침이나 치우침이 없으면 내가 가질 수 있는 가장 멋진 몸을 갖게 된다. 굳이 다이어트를 한다고 안달을 할 필요가 없는 것이다. 옳은 식습관과 옳은 생활태도야말로 가장 효율적인 다이어트다.

나쁜 고객

10

서비스업을 하다 보면 나쁜 고객들을 만나게 된다. 직원들에게 함부로 대하고 폭력적 행동을 보이거나 지나친 서비스를 요구하는 경우다. 억지를 부리거나 다른 손님들에게까지 무례한 경우도 있다. 대가를 지불하는 이상 무엇이든 해도 고객이니 괜찮다는 생각을 한다. 이런 고객들은 서비스를 제공하는 사람들보다 서비스를 제공받는 사람들이 우위에 선다고 생각한다. 그러나 서비스를 제공하는 대신 대가를 지불하는 것은 동등한 거래다. 이 거래 속에는 인격적 모욕이나 무례한 행동은 포함되지 않았다. 특히 다른 고객들을 불편하게 하는 행동은 더더욱 포함되지 않았다.

거래는 동등한 것이다. 서비스와 대가가 교환될 뿐이다. 그러나 무례한 고객들은 손님이 무엇이든 할 수 있다는 착각을 가지고 있다. 손님이 손님으로 대우받는 것은 손님으로의 품위를 지킬 때뿐이다. 직원들의 작은 실수에도 지나친 보상을 요구하거나 큰소리로 떠들거나 아이들을 데리고 와서 방치하거나 하는 행동들은 모두 고객의 권리남용이다. 폭언이나 폭력은 말할 것도 없다. 선진국의 경우에는 이런 고객들에게 서비스를 거부할 권리가 있다.

나는 우리 직원들에게 이런 고객들을 거부할 재량권을 주었다. 특히 다른 고객들을 위협하거나 불편하게 하는 고객들은 영구히 출입을 제한한다. 우리는 사업을 하는 사람이지 자선사업가가 아니다. 서비스에 자기 희생이 포함된 제품을 넣어 팔지도 않는다. 마음에서 우러나오는 서비스만을 제공할 수 있는 환경을 만들어주는 것도 경영자의 책임 중에 하나다. 그것은 훌륭한 고객에 대한 당연한 예우다. 그러나 우리가 나쁜 고객에 대한 이런 경영방침을 유지하기 위해선 우리 역시 누군가의 고객이라는 점을 인지하고 행동해야 한다.

우리의 거래처나 하청업체들에게는 우리가 고객이다. 우리는 그들에게 훌륭한 고객이어야 하다. 업체들에 지불할 대금은 언제나 상품 검증과 동시에 이루어져야 한다. 거래를 해주는 것에 대해 우리 역시 감사의 마음을 가져야 한다. '거기 아니라도 살 데 많다'라는 태도는 우리가 우리의 고객에게 "여기 아니면 가게가 없는 줄 알아"라는 말을 듣는 것과 동일하다.

미국에서는 슈퍼마켓에서 물건을 살 때도 고객들이 고맙다는 말을 쓴다. 점원들은 "별말씀을, 우리가 고맙죠"라는 말보다 "천만에요"라고 간단히 말하는 경우가 많다. 이는 서비스와 대가가 동등한 자격으로 교환된다는 의미다. 그렇듯 우리도 우리에게 상품이나 서비스를 공급하는 모든 도매상, 제조사, 금융 서비스, 점주, 배달원 등에게 동등한 존중을 보여줘야 한다. 우리의 고객을 존중하되 비굴하지 말고, 고객의 입장이 되었을 때 역시 그들에게 감사와 존중을 통해 우리의 가치를 스스로 높이길 바란다.

THOUGHTS·BECOME·THINGS

부자의 사치는
어디까지가 좋은가

11

양은 보여지고 음은 가려진다. 마음껏 사치할 수 있는 사람이 사치하지 않는 것은 대단히 훌륭한 성품이다. 그러나 사업을 하려면 양의 성질을 이용해야 하는 일도 많이 생긴다. 허풍과는 다른 문제다. 은행이 허름히 쓰러져가는 이층에 들어갈 수 없고 대기업이 벌판 가 건물에서 흙바닥 주차장에 사옥이랍시고 사업을 하지 못함과 같다. 건물의 규모나 형태는 그 사업의 신용이나 현재가치와 미래가치에도 영향을 주기 때문이다. 사람도 마찬가지다. 그의 차림새나 가지고 있는 차량, 의복, 장식품 등은 그 사람의 신용과 현재가치를 짐작하게 한다.

일전에 처음 보는 동행 몇몇과 도쿄의 식품박람회에 참석한 적이 있다. 자기 소개가 이어지기 전까지 나는 그의 직업을 전혀 짐작할 수도 없었다. 이건 검소의 문제가 아니었다. 팔꿈치 나온 시장표 티셔츠에 무릎 나온 바지에 낡은 구두 차림을 한 사람이, 자기가 신문사 사장이라 소개했을 때 그 신문이 도대체 무슨 신문이건 간에 어떤 꼴을 하고 있을 것이라는 선입관이 먼저 다가왔기 때문이다.

사업가는 그 사업의 규모와 거래처에 맞게 정갈하고 단정하게 차려 입어야 한다. 구두는 깨끗하고 셔츠는 다려 입고 윗옷과 바지는 맵시 있어야 한다. 로고 없는 고급 명품도 좋다.

아내에게는 가장 좋은 차를 사주고도 형편이 되면 같은 수준의 차를 사라. 집은 부채를 감당할 수 있는 한도 내에서 가장 좋은 집을 사서 아내 이름으로 구매하는 것이 좋다. 사장에겐 사업체가 보람이고 상징이지만, 배우자에겐 집과 차량이 같은 의미를 갖기 때문이다. 이렇듯 양의 성질을 지닌, 보이는 것은 수수함을 핑계로 초라하면 안 된다. 옷은 상대방에 대한 예의와 존중의 의미로 사용되기도 하고 권위를 표현하기도 하기에 허풍스럽지 않은 안에서 고급스럽게 차려 입으면 좋다.

그러나 음의 성질을 지닌 먹는 문제에 대해서는 지극히 조심하고 절제해야 한다. 비싼 음식만을 찾아 사치하지 말고 절대로 폭식이나 과식하지 말며 일정치 않은 시간에 음식을 먹는 버릇도 고쳐야 한다. 필요 이상으로 생명을 소비하는 일을 하면 안 된다. 취하도록 마시지 말고 중독될 만한 모든 것을 멀리해야 한다. 모습은 부자이어도 마음은 가난해야 한다. 그렇게 할 때만이 더 많은 부를 쌓을 수 있고 더 많은 사람들에게 좋은 영향을 줄 수 있다.

세상이 당신을 부자로 만들 때 절대로 당신 혼자 되는 것이 아니다. 이 세상의 모든 생각과 생명들이 당신을 도와왔으며, 당신의 그동안의 행위나 배경이 그 부를 이루도록 조성되었기 때문이다. 당신의 사업의 결과인 멋진 집과 자동차와 근사한 옷들은 당신이 불규칙적인 식사와 폭식, 탐식을 하는 순간 모두 다 사라질 것이다. 당신이 태어나서 평생 먹어야 할 음식의 양은 정해져 있다. 그러니 빨리 먹으면 빨리 죽을 것이고, 감사의 마음으로 조금씩 사용한다면 장수하고 건강하며, 양의 성질을 지닌 모든 것도 허물어지지 않는다.

사람들이 필요 이상으로 얼마나 많은 음식을 뱃속에다 내다 버리는지 생각해보면 끔찍할 정도다. 그것이 모두 생명이다. 생명을 그리 함부로 똥으로 만들어버리니 세상의 조화가 당신을 더 이상 도울 일이 사라지는 것이다. 당신이 모시는 어느 신도 이를 기뻐하지 않는다. 음식뿐 아니라 종이, 연필, 휴지, 책상도 원래 생명이다. 모두 아끼고 존중해야 한다. 이것을 배우면 부자는 처음과 끝을 다 배우는 것이다. 사업이 잘되다가도 번번이 망하는 사람이나 이유 없이 아픈 사람들은 음식 먹는 버릇을 살피고 생명에 관계된 모든 것을 존중하는 태도를 배우기 바란다. 그러면 절대 망하지 않고 건강한 노년을 맞이하게 될 것이다.

사업과 상관없어 보이나 중요한 점들

12

갑자기 사업을 키우거나 자수성가한 사람들 중에 간혹 사업가들의 기본적 예의를 미처 습득하지 못한 사람들이 있다. 옆에서 누군가 따끔하게 지적을 해줄 선배가 없었거나 굳이 필요하다고 느끼지 못했을 경우도 있다. 아니면 자신의 독특한 캐릭터로서 이해해주길 바라는 마음에서 여유를 부리고 있는지 모른다. 그러나 유치원에 들어가면 공공교육을 배우듯이 사장 노릇을 잘하려면 공중도덕을 배워야 한다. 이런 기초교육은 빨리 습득할수록 좋다. 사람들은 사소한 것들에서 한 사람의 위대함과 초라함을 함께 보기 때문이다. 이를 열거하면 아래와 같다. 유치하게 자세히 이야기하지 않으면 잘 이해하지 못하기에 구체적으로 지적해보고 싶다.

- 구두는 언제나 깨끗이 닦아 신고 다닐 것
- 수염이나 코털을 항상 정리할 것
- 귓밥이 보이지 않게 청소할 것
- 손톱을 짧게 자르고 때가 끼지 않게 조심할 것
- 머리는 단정하게 빗을 것
- 밥을 먹으면 휴지로 닦아가며 먹을 것
- 다리를 떨지 말 것
- 등을 구부정하게 하고 앉지 말 것
- 허겁지겁 먹거나 식탁에 부스러기를 남기지 말 것

구두는 그 사람의 삶의 태도를 반영한다. 구두에 흙이 묻어 있거나 구겨지도록 신으면 궁색해 보이고 빈궁해 보여 무엇인가 어수선한 느낌을 준다. 따라서 구두가 더러우면 어쩐지 신용이 없는 사람처럼 느껴지기 마련이다.

일주일에 한번 정도가 아니라 필요하면 수시로 닦고 처음 만나는 사람 앞에 설 때는 항상 닦고 나가길 권고한다. 구두를 닦고 나간다는 것은 상대에 대한 예의와 존경의 표현이다.

여자들이 정색하는 경우가 있다. 한번은 법무법인에서 새로운 변호사를 소개받았는데 목 밑에 오랫동안 자르지 않은 수염 몇 개와 코털이 몇 가닥 뭉쳐서 삐져나온 것을 보았다. 함께 모임에 참석했던 여성들은 그 변호사의 모든 화려한 이력에 관심이 없었다. 어서 미팅이 끝나길 바랄 뿐이었다. 그의 얼굴을 보고는 다시 보고 싶어 하는 사람이 없으니 일감을 주고 싶은 마음도 없어져버렸다. 남자들은 면도할 때 눈에 보이는 부분만 하는 경우가 종종 있다. 턱 밑에 길게 자라는 수염이 없는지 반드시 확인하고, 코털에 대해서 혐오에 가까운 극단적 반응을 보이는 사람이 많으니 항상 조심해야 한다. 흘러 쏟아지는 귓밥과 귀털 역시 혐오감을 부른다. 손톱이 더러우면 전문가처럼 보이지 않으며, 입가에 음식을 묻히는 행위는 열 살까지만 예쁘게 봐줄 수 있으니 애인 앞에서라도 조심하고, 어른들 앞에서 다리를 떨면 경박스러워 보이고, 등을 구부정하게 하고 앉아 있으면 자신감이 결여되어 보이고, 허겁지겁 먹으면 지금 재정 상태가 불안하거나 쫓기는 인상을 준다.

위의 내용들을 잘 지키면 아랫사람에게는 권위와 위엄을, 윗사람에게는 존경과 예의를 갖추게 되니 사소한 결점으로 자신을 망치지 않기 바란다.

상대에게
존경을 받으려면

13

미국의 한 사업가를 만날 일이 있었다. 어려운 가운데에서도 자수성
가하여 근사한 사업체를 소유한 젊은 사업가였다. 나는 그가 회사를
아주 체계적으로 운영한다는 소리를 듣고 사업상 미팅이 아닌 단순
한 친교를 통해 그의 경영방식에서의 독특함을 배우러 간 자리였다.

초면 인사와 소개를 마치고 회사를 둘러본 후 그의 사무실에 마
주 앉았다. 외부에서 온 손님에게 허물없이 자신의 일대기를 풀어나
가기 시작했다. 자랑하고 싶었을 것이다. 바닥까지 내려갔다 다시
소설처럼 올라온 이야기는 흥미진진했다. 사업체는 능히 자랑할 만
했고 소문대로 야무지게 운영하고 있었다. 그런데 나 역시 그의 이

야기를 들으며 '그건 아무것도 아닙니다'라며 내 자랑을 하고 싶은 소리가 목 밑까지 몇 번이고 나왔다. 그러나 방금 차를 타고 오는 길에 카네기의 『인간관계론』을 다시 훑어보다 온지라 그냥 참고 있었다. 한 시간 정도 생각했던 미팅이 세 시간이 넘어갔다. 말 한번 끊지 않고 물어주고 들어준 내가 마음에 들었는지, 말을 다 마친 그는 무척이나 시원스러워했다. 아마 이런 사적인 이야기를 그렇게 자세히 경청해준 사람은 내가 처음인 듯했다.

그가 할 말을 다 마쳤다. 그의 눈물 나는 활약을 나의 버금가는 이야기로 희석시키고 싶지도 않았고, 그의 회사 규모를 자랑함에 내 회사 규모를 드러내어 기를 죽이고 싶지도 않았다. 자부심이 강한 사람이라 콧대를 꺾어주고 싶은 심술이 없는 것은 아니었으나 카네기의 가르침을 따르기로 하고 미팅을 마쳤다.

한 달 뒤 여러 사업가들이 함께하는 자리에서 그를 다시 만났다. 그날의 거만함이 다시 새어나올까 염려했으나 기우였다. 그는 자리에 함께한 모든 사람들에게 이리저리 나를 끌고 다니면서 내가 얼마나 훌륭한 사람인지 떠벌리며 자신이 가장 존경하는 사람 가운데 하나라고 자랑하기 시작했다. 내가 그에게 존경받을 만한 친분이나 시간도 없었음에도 그는 그날 첫 미팅에서 나에게 보였던 자부감과 거만을 싹 지워버리고 나를 업고 다니다시피 했다. 보스 기질이 유난히 강한 그가 그런 행동을 하는 것에 다들 의아해 할 정도였다. 사실 그에게 내가 한 것이라곤 대화 중에 들어준 것밖에 없었다.

그날 나는 중요한 교훈 하나를 새삼 실감했다. 상대방과의 대화에서 묻고 들어준 사람이 답하고 말하는 사람보다 우위에 선다는 것이었다. 대화 중에 반박이나 변명 또는 주도하고 싶은 경우가 얼마나 많은가. 하지만 그런 방법들이 상대의 존중을 얻는 데 언제나 실패했다는 것을 잘 알면서도 급한 마음에 나를 설명하고 이해시키기 위해 정신이 없어서 남의 말을 끊거나 대화의 중심을 벗어나 다른 말을 하기 일쑤다.

나는 말을 많이 하고 온 날은 내가 잘못했다는 것을 저녁이 지날 쯤이면 느낀다. 특별히 처음 친분을 맺는 사람과의 대화는 유난히 조심하지만 속물의 근성을 완전히 버리지 못하고 있다. 내 자랑을 하고 들어온 날이나 쓸데없이 아는체하고 온 날 저녁이 되면 조용히 부끄러워지기 시작한다. 말이 많으면 실수를 하기 마련이고, 말이 많으면 자랑하기 마련이다. 들어주고 묻는 것만으로도 힘 안 들이고 상대의 존중을 받을 수 있다는 것을 왜 자꾸 잊는지 모르겠다.

마흔부터 성장하는 사람, 마흔부터 멈추는 사람

14

사람은 마흔부터 성장하는 사람이 있고 마흔이 되면 멈추는 사람이 있다. 마흔 전에 성공하면 마흔부터 멈추고, 마흔 후에 성공하면 마흔부터 성장한다. 천부적인 재능으로 마흔 전에 일가를 이루는 사람도 있으나 그 부를 계속 유지하려면 위험한 벼랑이 인생 끝까지 아슬아슬하게 펼쳐진다. 경험이 충분하지 않은 상태에서 얻은 성공이 자만이나 방심을 불러오기 때문이다. 그러므로 너무 빠른 성공은 오히려 독이다.

사람은 마흔이 넘어서야 경험과 지식이 균형을 이룬다. 인생의 반은 살아야 흔들림의 추가 앞쪽 무게를 견디기 때문이다. 그때가 되어야 함부로 흔들리지도 않고 자기 자신이 무엇을 잘하고 무엇을 못하는지도 잘 알게 된다.

그래서 사업은 항상 마흔부터 진짜 게임이라 생각한다. 마흔까지는 무엇을 하다 어떻게 망해도 다시 설 수가 있다. 몸만 상하지 않으면 된다. 설령 몸이 상하더라도 다시 일어설 방법이 있다. 몸과 마음은 실존 세계에서 한 뿌리다. 몸이 상하여 다시 일어설 기운이 없다면 걷기를 시작하고 팔굽혀펴기만 꾸준히 해도 다시 마음이 일어난다. 마흔 안에 얻은 모든 경험을 가지고 다시 시작하면 반드시 성공한다. 자기가 죽을 때까지 가져갈 수 있는 재산은 마흔 이후에 버는 것뿐이다. 마흔 전에 아무리 벌어도 결국 마흔 이후에 번 것들만 남는다. 그러니 마흔 전에 하는 실패를 두려워 말고 마흔 전에 쌓은 경험을 소중히 간직해서 같은 실수를 두 번 하지 않도록 주의하면 훌륭한 사업가로 다시 태어날 수 있다.

THOUGHTS·BECOME·THINGS

모르는 것을 모른다고
말하는 용기

15

우리는 전문직업, 예컨대 변호사나 의사들 또는 대학교수들이 일반인들보다 더 현명할 것으로 믿는다. 고위 정치인이나 사업적으로 성공한 사람도 일반인들과는 모든 면에서 다를 것이라는 판단을 한다. 한 사람이 전문적인 직업을 갖기 위해 노력했던 과정이나 일정한 고위 직업군에 포함되기 위해 노력한 점을 높게 평가하기 때문이다. 그래서 그들의 영역이 아닌 다른 문제에까지도 그들의 의견을 무시하지 못하고 묻거나 동의를 구한다.

　의사라는 직업이 남들보다 길을 더 잘 찾는다거나 가정교육을 더 잘한다는 보장은 없다. 교수라는 직업이 금융적 판단에 유능하다거나 유럽 여행에 더 해박한 지식을 갖고 있지도 않다. 목사에게 투자 판단이나 신사업 진출에 대해 묻는 사람도 봤다. 그 목사가 그런 사업적 판단을 잘했더라면 사업을 하지 목회를 하지 않을 것이다. 미래 보장도 없는 박봉에 시어머니들로 가득한 교회보다 사업을 하는 것이 백번 아내에게 칭찬받았을 것이기 때문이다. 변호사가 철학적 사고를 더 잘하는 것도 아니고, 고위 정치인의 출판 노하우가 은행원의 출판 경험보다 주목받을 이유가 전혀 없음에도 위치가 주는 영향력 탓에 많은 신용을 주는 것이 사실이다.

사내에서도 부하들은 상사에게 업무 이외 영역에까지 의견을 묻는다. 상사들은 이런 업무 외에서의 질문에 답하지 않으면 안 될 것 같은 중압감을 갖는다. 질문하는 사람은 아무 질문이나 다 해보고, 대답하는 사람 역시 잘 알지도 못하는 문제까지 마구 대답한다. 윗사람은 모르는 것이 없어야 한다고 믿기 때문이다. 그러나 모르는 것을 모른다고 말하는 것은 리더의 위신을 깎아먹는 일이 아니다. 가장 위신이 안 서는 일은 모르는 것을 안다고 했다가 모른다는 것이 알려지는 일이다. 알 만한 것을 모르는 것은 단점이다. 그러나 모를 만한 것을 모르는 것은 단점이 아니다. 게다가 모르는 것을 모른다고 말하는 것은 오히려 대단한 장점이다. 모르는 것을 아는 체했다가 잘못된 일들은 헤아릴 수가 없다.

외국에서 강도 다음으로 나쁜 사람은 모르는 것을 모른다고 말하지 않고 아는 체하는 바람에 길을 잘못 들게 한 사람이다. 업무나 프로젝트에서도 이렇게 모르면서 아는 체하는 상사들 때문에 생기는 실수로 버리는 시간과 비용은 헤아릴 수가 없다. 제발 모르면 모른다고 말하고 아는 사람의 의견을 묻기 바란다. 알지도 못하는 길을 친절하게 손까지 끌고 데리고 다니며 가르쳐준 탓에 몇 시간 낭비하다 차라도 놓쳐본 사람이라면 아는 체하다 다른 사람을 얼마나 힘들게 하는지 알 것이다. 제발 모르면 모른다고 하자.

Reader's Digest

청춘을 너무 그리워하지 마시라.
청춘은 이사하던 날 아침처럼 어수선한 시기일 뿐이다.
이사 후에 잘 정리된 집에 앉아 차 한잔
마시는 모습이 훨씬 아름답다.
나이 들어 죽어가는 것이 두려운가?
아니면 늙기 전에 죽는 것이 두려운가?
하나의 문이 닫히면 새로운 문이 열리기 마련이다.
호기심만 간직한다면 죽음도 궁금할 수 있다.

「자기경영 노트」중에서(김승호 지음, 2010)

통계는
거짓말이다

16

공항 게이트에 줄을 서면 내가 선 줄은 항상 문제가 있어 보인다. 다른 줄은 술술 잘 나가는데 내 줄만 막혀서 도무지 줄어들 기미가 안보인다. 이번만 그런 것도 아니고 매번 그 모양이다. 이런 일은 슈퍼마켓에서도 마찬가지고 버스를 기다려도 마찬가지다.

사실은 누구나 다 공평한데 우리 머리는 내가 경험한 것 중에 억울했던 기억을 훨씬 더 많이 기억할 뿐이다. 술술 풀렸던 기억은 사라지고 기분 나쁜 일만 기억하니 나는 항상 운이 나쁜가보다 생각하는 것이다.

세상에는 흔히 세 가지 거짓말이 있다. 좋은 거짓말, 나쁜 거짓말, 그리고 통계다. 통계는 수학을 가장한 거짓말이다. 통계는 얼마든지 그 실제 정보와 상관없이 조작된다. 마치 나는 항상 줄서기에 운이 나쁜 사람으로 머리가 기억하게 하듯 사실을 조작할 수 있다. 신문에 발표되는 모든 그래프들은 그 형태와 사이즈를 통해 얼마든지 다른 의미를 전달할 수 있다. 막대의 높이나 폭을 같이 사용하면 2배 차이를 4배 차이로 보이게 만들 수도 있고, 막대 중간을 삭제하고 그리면 10% 차이를 50% 차이로 보이게 하는 것은 아무것도 아니다. 신문에 나온 모든 그래프는 이런 숨은 의도를 가지고 있다. 평균치라는 용어는 양 끝 극단적인 통계치 밖에 위치한 사람들을 보호하거나 무시하는 데 사용하기도 한다.

한 대학교의 1994년도 전자과 졸업생들 평균소득이 1억 원이라지만 한두 사람이 1000억 원을 벌면 90%가 2000만 원을 못 벌어도 평균소득 1억 원이 나올 수도 있기 때문이다. 평균 기온 18도라는 소리만 듣고 여유롭게 캠핑 준비를 해서 사막으로 들어갔더라면 낮에는 더워서 미치고 밤에는 얼어 죽는 일이 발생할 수도 있다. 또한 표본조사는 사기 치기에 가장 적합한 도구다. 5만 명이 사는 동네에 10가구를 방문하고 나서 다섯 집에 피아노가 있었다고 이 동네에 2만 5000대의 피아노가 있다고 말하는 것과 같다. 의약품이나 미용용품, 건강식품 등은 이렇듯 지극히 작은 표본조사를 통해 60%의 사람들이 효과를 보았다는 등의 허풍을 친다.

단순히 숫자를 나열해서 거짓을 조작하는 경우도 있다. 3분의 1이 효과를 보았다라고 말하기보다는 34.17%가 효과를 보았다 하면 더욱 신뢰가 있어보이기 때문이며, 이번 지진으로 20만 명이 사망했다고 말하기보다는 21만 1264명이 사망했다고 말하면 더욱더 현실적으로 보인다. 그러나 이런 대형 사고에서 여섯째 자리까지 명확하게 숫자가 나온다는 것은 불가능하다. 이렇게 명확한 숫자는 의도된 조작이거나 신뢰를 얻기 위한 수단일 뿐이다. 지도에 색칠하는 방법 역시 고전적 기법 중에 하나다. 내 사무실에도 미국 지도가 하나 있다. 우리 매장이 하나라도 들어간 주는 색칠을 해놨다. 단순히 지도로 보자면 매장이 단 하나밖에 없는 와이오밍 주나 수십 개의 매장이 있는 콜로라도 주가 같은 수준처럼 보인다.

이런 통계에서의 허점을 알아내고 속지 않으려면 누가 이걸 만들었고 어떤 방법으로 조사가 진행되었는지, 데이터에 일부러 삭제하거나 추가된 내용이 없는지 의심해야 한다. 그리고 무엇보다도 이런 데이터를 이용해 바보스럽게 무작정 자신의 이론의 근거로 삼은 사람들을 경계해야 한다.

잘못된 정보는 잘못된 판단을 가져오고 잘못된 판단은 잘못된 인생을 만든다. 반대로 이런 정보를 제대로 볼 수 있으면 속지 않을 수도 있거니와 상황을 역으로 이용할 수도 있다. 항상 통계를 의심하고 통계 이면의 진의를 알기 위해 노력해야 한다.

세상에는 흔히 세 가지 거짓말이 있다. 좋은 거짓말, 나쁜 거짓말, 그리고 통계다. 통계는 수학을 가장한 거짓말이다. 통계는 얼마든지 그 실제 정보와 상관없이 조작된다. 마치 나는 항상 줄서기에 운이 나쁜 사람으로 머리가 기억하게 하듯 사실을 조작할 수 있다.

2010년도에 『김밥 파는 CEO』라는 책을 내놓은 후 5년이 흘렀습니다.

하루가 다른 사업의 세계에서 지난 몇 년 동안 무엇을 버렸고 무엇을 얻었는지 적어보고 싶었습니다. 무엇이 변했고 무엇이 변하지 않았는지도 나눠보고 싶었습니다. 다행히도 제 사업은 더 많은 도시와 나라로 번져나가며 더 많은 사람들과 교류할 수 있는 기회가 있었습니다.

지난 몇 년 동안 정말 멋진 사람들을 많이 만났고 흥미진진한 경험도 많았습니다. 더욱 다행인 것은 그럼에도 몸무게가 늘지 않았고 머리카락이 더 빠지지도 않았다는 겁니다. 노자의 무위의 가르침을 개인의 생활과 회사운영에 적절히 적용해가며 많은 도움을 받았기 때문입니다. 이제 이러한 경험들을 조직의 리더들을 비롯해 많은 독자들과 나누고 싶어졌습니다.

회사를 운영한다는 것은 바둑보다 복잡한 변수를 풀어가야 합니다. 작은 결정 하나하나가 전체를 살리기도 하고 죽이기도 하는 초긴장의 연속입니다. 그러나 이런 무한한 변수 안에서도 일정한 패턴이 있고 성장 단계에서 누구나 겪는 공통적인 문제들이 있습니다. 이런 경험들을 나누다 보면 같은 실수를 하지 않아도 될 듯한 문제들이 보입니다.

저 자신의 실수나 성공의 경험이 여러분들의 경험이 되길 바라는 마음이 다시 글을 쓰게 만들었습니다.

숫자나 시점의 표기는 사업의 성장단계 과정에서 간간이 쓰인 글이기에 간혹 다를 수 있으며 등장인물은 모두 실명을 넣었습니다. 본인 이야기가 책에 나온 분들에게 미리 말씀드리지 못한 점들은 양해해주시기 바랍니다.

오랜 시간 기다려준 황금사자 대표 현문 씨에게도 미안함과 감사를 함께 드립니다. 이런 글을 쓰고 기회를 얻게 해준 모든 직원들과 가족들에게 따뜻한 감사를 전합니다.

생각의 비밀
— 김밥 파는 CEO, 부자의 탄생을 말하다

1판 1쇄 발행 2015년 9월 21일
1판 22쇄 발행 2021년 7월 10일

지은이 | 김승호
편집인 | 최현문
발행인 | 이연희
본문 · 표지 | 정현옥
발행처 | 황금사자
출판신고 | 2008년 10월 8일 제300-2008-98호
주소 | 서울시 종로구 백석동길 276(302호, 부암동)
문의전화 | 070-7530-8222
팩스 | 02-391-8221

한국어판 출판권 ⓒ 황금사자 2015
ISBN 978-89-97287-09-3 13320
값 14,000원